流通外資に勝つ成功のシナリオ

8つの黄金の法則

リテール・マネジメント研究所主宰
鈴木康友

文芸社

目次

Ⅰ　はじめに …… 7

Ⅱ　外部環境への考慮 …… 11
1　経済環境が大きく変わった …… 12
2　規制緩和の大きな流れ …… 14
3　エンゲル係数の減少 …… 17
4　高齢化への対応 …… 18

Ⅲ　小売業への二大影響力 …… 23
1　買い物・料理時間の減少 …… 24
2　セキュリティ対策 …… 27

Ⅳ　日本の小売業の現状 …… 31
1　迷走したM社の倒産 …… 32

2　ダイエーとイトーヨーカ堂の比較分析……35
3　「共通化」と「異質化」の再構築……45
Ⅴ　小売業の未来戦略……49
1　ローコスト・オペレーションの実践
　　――イトーヨーカ堂とウォルマートの比較分析……50
2　ライフスタイル多角化戦略への適合……53
3　情報と機能に基づいた「サプライチェーン・マネジメント」への取り組み……56
4　小売業における「ナレッジ・マネジメント」の検証……60
Ⅵ　小売業のイノベーションの源泉と起業家精神……65
1　ボン・マルシェ（ブシコー）……66
2　キング・クレーン（マイケル・カレン）……68
3　ウォルマート（サム・ウォルトン）……69
4　イトーヨーカ堂とセブンイレブン……72
Ⅶ　業績低迷の本当の理由……75

1　顧客を忘れた社内志向（黄金の法則1へ）……76
2　成功体験への埋没とマンネリ化（黄金の法則2へ）……78
3　物真似主義がはびこっている（黄金の法則3へ）……79
4　場当たり的な競合対策（黄金の法則3へ）……80
5　売上至上主義（黄金の法則4へ）……81
6　身内主義（黄金の法則5へ）……82

Ⅷ　業績低迷から脱出する処方箋……83
1　全社顧客優先、現場第一主義へ移行する（黄金の法則6へ）……84
2　顧客ニーズへの適切で継続的な取り組みをする（黄金の法則7へ）……86
3　事業ドメインを再構築する（黄金の法則8へ）……88
4　経営のバランスをしっかり保つことが重要である（黄金の法則1へ）……91
5　社外、社内へのディスクロージャーをしっかり行う（黄金の法則5へ）……93

Ⅸ　「重要接点」への時間と資源の重点投入……95
1　顧客との接点……96
2　従業員との接点……114

3 商品との接点 …… 118
4 金融との接点 …… 142
5 その他 …… 145
● ドクターすずきの店舗クリニック（診断カルテ150） …… 147

Ⅹ 成功へのベクトル …… 153

Ⅺ モデル企業の検証 …… 159
1 顧客ソリューションへ向けて――ヤオコーの挑戦 …… 160
2 世界標準ＩＳＯへの取り組み――ぎゅーとらの挑戦 …… 166

Ⅻ 8つの黄金の法則を提唱 …… 175
● ドクターすずきの店舗クリニック（8つの黄金の法則チェックリスト） …… 201
おわりに …… 203
参考文献 …… 204

I はじめに

小売業は国内の消費の低迷や競合の激化で経営の弱体化が騒がれている上に、カルフール、コストコの日本における本格的出店が現実のものとなり、さらには、西友への三四%の資本参加で世界最大の小売業者ウォルマートが日本上陸のスケジュールを決定的なものにしてきた。

また、総合商社やベンチャーファンドは弱体化した小売業への資本参加で、流通の主導権を虎視眈々と狙っている。さらに、メーカーもインターネットを駆使して直接消費者にアクセスし、自社の顧客に取り込もうとしている。

このような、世界的な流れの中で、国内産業として位置づけられてきた小売業界は、ますますボーダレス化してきている。

しかし、日本の小売業は一九九〇年代のバブル崩壊から今日まで、構造不況の中で売上不振により、三大過剰（設備、債務、人員）が経営を圧迫し、大手から中小企業まで倒産が多発している。

私はイトーヨーカ堂、セブンイレブン、長崎屋、マイカル、そして地域スーパーの拡大および私的整理、営業譲渡を自ら手がけてきた経験から、「勝ち組」に入るか、

「負け組」に入るかは業容の規模や業態にかかわらず、あるパターンのノウハウが大いに関係していることが判ってきた。

キーポイントをしっかり抑えながら、経営の舵取りをすれば「勝ち組」の仲間に入る可能性が大きくなるであろう。

この本は、ウォルマートやカルフールなどの流通外資を紹介するものでもなく、いたずらに、危機感をあおるものでもない。日本の流通小売の生産性は、アメリカに比較して六〇%しかなく、さらに低付加価値の産業であると言われてきた。

この本は、読者が危機意識を持ちながら、いかに対処するべきかを著しており、読者と共に、より良い改革ができればと考えている。

今年は、東京・青山に初めてスーパーマーケットが誕生して、五〇年を迎える年である。さらなる新世紀に向けて、新しい革新の波が、おしよせてくる。

そのため私は、これから「8つの黄金の法則」を提唱する。なぜ「8つの法則」が必要不可欠になったのかは、各章の説明を読んで、ご理解いただきたい。

Ⅱ 外部環境への考慮

1　経済環境が大きく変わった

一九九七年は、消費税率の引き上げに始まり、山一證券の倒産や金融システムの破綻が収益の圧迫を促し、各企業の生き残りをかけたリストラが加速して完全失業率が四%台に突入した。各企業は、リストラの手を緩めず、ますます混迷の度を深めた年でもあった。

一九九八年は急激な円安（一四五〜一三七円）に対して、日銀は欧米外為市場で円買い・ドル売りの協調介入をして混乱を防止した。しかし、日本は米国に四つの条件「金融システムの安定」「不良債権処理」「内需拡大」「市場開放と規制緩和」への努力を約束した。この約束と実行が、これからの日本経済の方向を左右することになるのである。

一九九九年はEU統合の年である。アメリカおよび日本の巨大なGNPへの対抗策として、欧州が一つの経済圏を作り上げてきた。日本の銀行は、生き残りを賭けて、都市銀行の合併（みずほファイナンシャル・グループ）が報道され、本格的な事業再編が動き出した日産はルノーとの提携でゴーンCOOのリーダーシップで事業の抜本的改革の着手をした年であり、まだ今日の成功は予想だにもしなかった。そして、二〇〇二年は完全失業率五・六％と予想され、過去最悪の事態になっている。

中小企業白書によれば、二〇〇一年の企業の全倒産は一万九一六四件となり、一九八四年の二万八四一件に続いて一九五二年の調査開始以来二番目の高水準であったと言う。その中でも、業歴三〇年以上の老舗企業の倒産が全体の二四・四％となっており、過去の成功にしがみつく企業はその存続がむずかしくなってきた。

さらに、消費者物価や卸物価の伸び率がマイナスになり、デフレの様相が色濃く日本の景気に影を落としている。

厚生労働省が発表した二〇〇一年の国民生活基礎調査では二〇〇〇年の一世帯当たりの平均所得は六一六万九〇〇〇円。前年比一・五％減で四年連続マイナスとなった。特に、子育て世代の五九％は家計が苦しいと答えている。

2　規制緩和の大きな流れ

二〇〇〇年六月、大規模小売店舗法（大店法）が廃止され、「競争制限」から「まちづくりの視点」への切り替えで大規模小売店舗立地法（大店立地法）が施行になった。その内容は、①需要調整から周辺住環境への影響、②審査主体を国から自治体へ、③法の主目的を中小小売の保護から消費者利益に沿うかたちへ等の変化により、大きく小売環境が変わってくる。物を売る箱としての建築から、環境を考慮したまちづくりへの移行は日本の流通業が不得意としており、それに対し流通外資は、もともと、まちづくりからの発想で建物をつくってきたので、これからの台風の目になるであろう。

販売免許の規制緩和で最大の影響が出るのは、酒販免許の二〇〇三年九月の緩和であろう。酒販免許は国の税収の根幹を支えてきたが、消費税導入でその姿が変わってきた。距離制限、人口基準で免許枠の統制をしてきたが、大きな規制緩和の流れのなかで、ついに自由化に向けて動き出した。

年間消費量が五兆円と、毎年ほぼ一定している莫大な酒類マーケットへの参入がこれから本格的になり、このマーケットを制する企業が大きな企業編成の鍵を握ると言われている。

特に、スーパーマーケット、コンビニエンスストア、異業種企業の動きが活発にな

酒類販売に異業種続々

宅配ピザチェーン 100円ショップ レンタルビデオ店…

今年九月の酒類販売免許の自由化をにらんで、ピザチェーン、百円ショップ、レンタルビデオ店など異業種が酒類の販売に続々と参入している。酒を扱うことで客の利便性を高め集客効果の向上を狙う。

宅配ピザ「ピザーラ」を運営するフォーシーズ（東京・港、浅野秀則社長）は都内の一店舗で酒販免許を取得した。今春からピザの注文に合わせてビール、発泡酒、ワインなどの注文を受け付け、ピザと一緒に宅配する。自由化後は全店（約五百店）で扱うことを検討する。

ビールやチューハイをセットで販売するピザ宅配会社も

良品計画は通信販売酒類小売業免許を取得した。同社のネット会員七万五千人向けに酒のネット販売に乗り出す。

レンタルビデオ店を全国展開するサンレジャー（東京・中央、草島道能社長）も全百十九店のうち九店舗で酒販免許を取得、五店舗が審査中だ。九十九円の均一価格商品を扱う九九プラス（東京都小平市）は昨年九月に直営約百三十店全店で申請、現在までに東京都江戸川区の店舗が免許を取得した。古河機械金属の子会社も栃木県で酒販免許を取得、ガソリンスタンドで酒類販売を始める計画だ。

9月自由化 集客効果を期待

新規参入の最大勢力はコンビニエンスストアだが、マツモトキヨシなどドラッグストアやホームセンター、ドン・キホーテなどのディスカウントストアも続々と酒販免許の取得に動いている。仕入れや販売のノウハウを蓄積する狙い。自由化直前の一年間は過去最高の一万二千五十五の免許枠が設定されており、各国税局で順次免許が交付されている。

「日本経済新聞」（2003. 2. 14）から

り、川上では、メーカーや商社を軸とした再編で流通構造の変革を促すであろう。

しかし、規制緩和で打撃を受ける側も、規制緩和で機会利益が見込める側も、どちらも、あと数ヶ月と迫った割にはのんびりムードが漂い、規制に慣れた国民気質が垣間見える。

ただ、財務省は、未成年者への販売防止策として、小売業者に対し、店舗毎に「酒類販売管理者」を置くことを義務づける酒税法改正案を二〇〇三年九月一日施行で検討している。この法案の目的は、酒類を野放図に売らないようにすることであるが、新たな規制にならないように願いたい。

3　エンゲル係数の減少

エンゲル係数とは「家計支出のうち食費が占める割合」を言う。

総務省の全世帯家計調査によれば、二〇〇一年のエンゲル係数は二三・一%と過去最低を記録した。低価格志向や世帯当たりの人数の減少、さらには狂牛病の発生での肉類消費の減少、外食の減少が影響している。

この現象は少子高齢化、初婚の晩婚化も大きく影響をしている。

このような変化によって、食事における量の時代から「おいしさや安全を求める」質の時代に移ってきていることが判る。ただ満腹になりさえすればよかった時代から、景気は悪いけれど、おいしい物や安全な物は手に入れたいとの願望が強い時代となった。

しかし、まだ小売業はこの傾向を自らのものとする認識が弱く、十分な対応ができていない。

4　高齢化への対応

高齢化が急ピッチで進んできている。国立社会保障・人口問題研究所が平成一四年一月二五日に発表した内容によると、出生率は長期的に一・三九どまりで、一方、六五歳以上の人口は二〇〇〇年には二二〇四万人であるが、二〇二五年に三五〇〇万人

図１

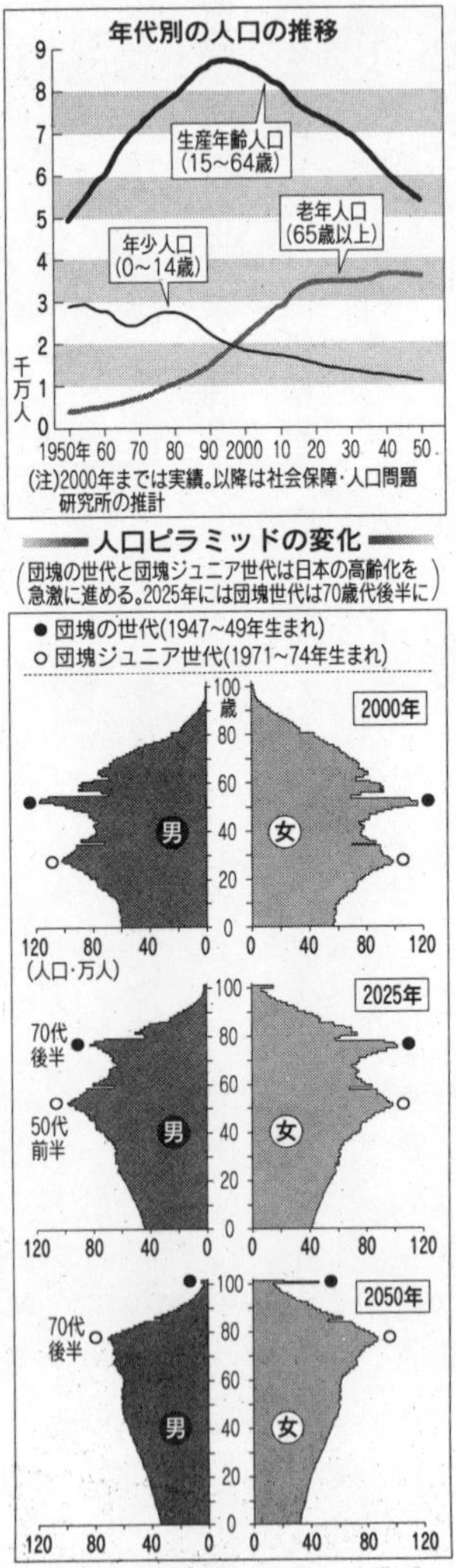

国立社会保障・人口問題研究所「日本の将来推計人口」（平成一四年一月）を基に制作された「日本経済新聞」（二〇〇二・一・三一）の記事から

と二〇〇〇年に比べて約六〇％増加し、三人に一人は六五歳以上の高齢者となる。高齢化と併行して、総人口の減少が起き、少子化が大きな問題となる。

高齢化の時代では、次の三項目（行動範囲の縮小、孤独からの離脱、老後の不安除去）について注意深く見つめることが重要である。

行動範囲の縮小

高齢になれば外見上は健康でも何かしら不便を感じるものである。若いときのように、なんにでも、てきぱき物事を処理できるものではない。特に、買い物は自家用車があっても、近くで買い物ができればなおさら良い。

また、販売員に知り合いの人がいれば買い物も楽しくなる。それを示す例は、病院だろう。朝の外来はほとんどが年配者で占めており、ただ病気であるから来ているのではなく、知り合いの人と会話を楽しんでいる姿がある。

また、出歩く機会が少なくなるので、宅配のサービスは今後はますます大切になってくるであろう。インターネット通販や電話、御用聞きなどさまざまな注文方法が生まれてくるが、宅配のサービス、宅配員の質に業績が大きく左右される。それは、高齢者への接し方で、リピート客になるか、一回限りかのお客になるかが決まってしまうからである。

孤独からの離脱

高齢者の意識調査では将来に経済的不安があると答えている人が過半数を占めているが、反面、気のあった仲間での旅行、ボランティア活動への参加に対しても強いニーズを示している。二〇〇〇年の調査では高齢者の年間所得は約八〇〇万円であり、日本の大きな個人消費のウェイトを握っている。

老後の不安除去

老後の不安から、高齢者は年金・信託の安定した利回りへの投資を検討したり、健康、安全を志向し、ことのほか美容には要望が強い。このようななか、雪印乳業、雪印食品、各食肉加工販売業者、日本ハムなどは企業の不祥事で消費者の反感を買い、店頭から商品の撤去で痛手を受けたりして、雪印食品は会社の解散に至っている。

高額所得の高齢者の意見では、健康、安全、美容には特に敏感になっている。逆の見方をすれば、大きなマーケットが存在することと同じことである。これからは、「ケア」に重点置くべきである。

「ケア」の要素を強化することにより、継続的なリピート客を育成することができる。

「ケア」は、「ビフォア・ケア」と「アフター・ケア」の二つに分けられる。「ビフォア・ケア」とは、たとえば事前調査や相談であり、「アフター・ケア」の代表は、メンテナンスやアフター・フォローである。

Ⅲ 小売業への二大影響力

前記の外部環境の影響に加え、「買い物・料理時間の減少」「セキュリティ」対策は、今後の小売業に多大な影響力を与えてくるため、早急な対応が必要である。

1　買い物・料理時間の減少

社会進出により女性の就業が、一九九四年では全雇用者の三八・八%を占める。専業主婦の時代は終わりを迎えている。

専業主婦の時代と異なり、自由になる時間が通勤や就労に費やされ、時間の制約と行動半径の広がりが、買い物動向に影響を与えてきている。

勤務地が全体的に遠方になったため、買い物行動が、近隣の商店から勤務場所の近くでの購入、最近は駅ターミナルでの買い物になり、住まいの近所の買い物は、勤務の終わった夜間の購入などに変わり、そのため、昼間の買い物が激減してきた。

逆に、夜間の来店が多くなり、夜一〇時、一一時、一二時の売上は一日の売上の五〜七%もアップさせる効果がある。

女性の買い物の減少と反対に、男性の買い物時間が増加の傾向を見せている。一九七六年では日曜日の買い物時間が平均一〇分であったが、一九九六年には日曜日の買い物時間が平均二六分と三倍の伸びとなり、主婦だけのショッピングから夫婦でのショッピングに移行してきている。ただ、時間数だけで見ると、まだまだ、女性単独のショッピングが主流であるが、小さな変化を見逃すべきでない。

夫婦でショッピングの機会が多くできると、いままでの主婦の店とした日常的商品構成だけではなく家族団欒《だんらん》好適品、パーティ商材や嗜好品的な要素の商品（酒類など）は特に充実する必要がある。

さらに進んで、夫が買い物の主役となる日が近づいている。

この結果、気軽に、簡単に買い物ができる「ショートタイム・ショッピング」の環境づくりの提供が顧客にとって必要であり、コンビニエンスストアとの競合も意識した対応が急務である。店舗では深夜営業やできたての惣菜の提供、すぐに調理できるホームミール・リプレースメント（ＨＭＲ）への対応が重要になってきている。ここでも、本格的なレストランの味がベースになっており、ただ食べるだけの対応ではない。

さらには、買い物時間の減少に対応して、インターネット・ショッピングや宅配業務など店舗以外での購買方法にも対応しなければならない。

インターネットの通販会社でイリノイ州エバンストンにあるピーポットは、バーチャル・スーパーマーケットとして、食品・雑貨をコンピューター・オンラインで受注し、指定納品時間に自宅に届けるシステムを開発した。

地元の有力なスーパーマーケットと組み、受注すると専門のスタッフが実際のスーパーマーケットに行き、商品を集めて配達する。

利用料金は、基本料金四・九五ドルと購入金額の五％である。顧客の好評を得ている。

これからは、「タイム・ソリューション」ビジネスとしてとらえていく必要がある。「タイム・ソリューション」とは、顧客の時間に対する問題解決に目を向けることであり、小売業は、「時は金なり」を仕事の中に落し込んでほしい。

2　セキュリティ対策

セキュリティ問題は、単一に捉えるのではなく、情報というデータ面からと人という人間の側面からの複合的な対応が必要である。

その内容は、データの保全からは、情報セキュリティであり、人間的な側面からは組織開発の二つに分けられる

一つ目の情報セキュリティは、情報システムの保守や不正アクセスへの対応である。

不正アクセスは警察庁が把握しているだけで二〇〇一年には一一五三件発生している。また、犯罪の発生状況には、内部犯行も多々見られる。

さらに、いま話題の住基ネットワークでもめている個人情報の流失事件が民間においても多発している（二〇〇二年に入ってからは、エステサロンＴＢＣ、全日空、日本テレビでも個人情報の流失が発生）。

二つ目の組織開発は、経営トップから全社員にわたっての企業風土・文化の改革や個人のセキュリティに対する考え方、さらに、各個人のセキュリティに対する評価とその継続的な教育が重要である。

次に、経営幹部の「わが社に限っては」という認識の甘さが大きな問題を引き起こしている。このような幹部に対する危機意識の育成にも、研修が必要である。

情報セキュリティや組織開発を実施する上で、土台となるのはコンプライアンス（法令順守）が制度だけではなく、社会生活をスムーズに運営していくには、精神面や実行面でも大切な要素となる。

特に、当面のセキュリティ対策として迅速な対応をすべき点は二点ある。

第一は、顧客の個人情報の厳格な管理である。最近、各小売業では販売促進の手段としてポイント制度を実施しており、各企業において莫大な顧客名簿を有しているが、しかるべき、セキュリティ対策がとられているか、十分に再検討する必要がある。

第二は、食品を扱っている企業は、人間の根源である生命の維持に大切な「健康」

をつかさどっているはずであるが、雪印乳業では、顧客の苦情への対応が遅れたり、各工場での品質管理ができていなかったり、伝達の仕組みが不十分であったりした。おまけに返品された期限切れの牛乳を再処理して出荷し、その上、工場のずさんな管理のため多数の食中毒患者が発生した。この事件は二〇〇〇年六月であったが、それから、一年半後には同じグループの雪印食品が輸入牛肉を国産牛肉と偽って、業界団体に買い取らせていたことも発覚して、グループの解体と再編へと動いている。

さらに、ハム業界最大手の日本ハムが二〇〇二年八月に、子会社の「日本フード」による牛肉の産地偽装・隠蔽《いんぺい》が発覚し、日本ハムの副社長・専務の辞任、社長の専務への降格、会長の代表取締役の返上、日本ハム・ソーセージ工業協同組合理事長の辞任等、日本ハムの存続にまで影響を及ぼす大きな問題に発展してきた。日本ハムの二〇〇二年八月のハム・ソーセージと加工食品の販売数量は、前年同月比で約四割の減少になっている。これは、大手スーパーや百貨店での日本ハムの販売中止が全国に波及してきているためであり、いつ元の水準に戻るかは、先が見えない状態である。

平成一四年九月一七日（火）日本経済新聞紙上に「日本ハムグループは、いま『誠

実』から再スタートいたします」との全面広告を出して、お客様との信頼回復に取り組んでいる姿勢をアピールしている。特に、

①法令順守に基づく新たな企業風土の確立。

②顧客満足を基本としたお客様の視点を大切にする。

③「食べる喜び」を基本テーマとし、社会に貢献する企業を目指す。

これらが、これからの、日本ハムの取り組みである。

世界的に見ても、エンロン、ワールドコムの不正会計やユニバーサルスタジオ・ジャパンの火薬の大量使用など、企業倫理やコンプライアンス（法令順守）の軽視が、企業の存続危機や入場者数の大幅減少を招いており、社会的、経済的な大きな問題を引き起こしている。

このように、コンプライアンスは企業の存亡に大きな影響力を落としてきているので、日本人特有の「これくらいは何とかなる」という安易な姿勢は改め、トップから従業員まで十分に反省をし、対応をすべきである。

Ⅳ 日本の小売業の現状

1　迷走したM社の倒産

規模の拡大が使命のように、無制限に投資を繰り返した結果、生産性の悪化と顧客離れが起き、倒産の事態に至ってしまう。

M社の常識は日本の常識であり、世界の非常識になっていた。M社の悲劇は過大な不良債権が引き金になっているが、本質は顧客を忘れた官僚主義の蔓延ではなかったかと推測する。

社内での名刺交換

判りにくい子会社の乱立乱造ですべての分野、間接部門も含めて子会社をつくってきたため、非効率な店舗運営や公平なコスト競争意識を喪失した官僚的企業風土が出来上がってきた。

例えば、子会社の乱造で、社内で名刺交換をしなければ、誰が担当であるかが判らなくなっていたのだ。

店舗では朝礼をしないで、シャッターが開く

商人の基本である朝礼の実施は一日のスタートにとって大切なコミュニケーションであるが、開店一〇分前に店長が出社し、シャターを開け開店をするサラリーマン的勤務態度がはびこってきた。そのため、朝礼を実施する時間もなく、従業員にも自主的に朝礼を行う気構えもなくなっていた。

本社の通達とマニュアルがすべてに優先する

顧客優先と掲げているが、社内の書類づくりが顧客対応より優先したり、長時間にわたる会議が延々と続き、販売力よりもシステム構築が仕事の優先事項になっており、商人がマニュアル人間になっていった。

このようなことは、M社だけでなく、全国の小売業や流通業、サービス業においても現出している。対岸の火事であると経営者や従業員が見ていると足元から火がつい

て、思わぬトラブルや取り返しのつかない大事故につながることがある。日々の原理原則を再確認して、業務を進めなければならない。

破たん1年、販売力に課題

マイカル、改装でテコ入れ

会社更生手続き中のマイカルが十月、店舗の改装に着手する。一兆七千四百億円の負債を抱え破たんし、十四日で一年。既存店売上高は前年を一〇%以上下回っており、販売力をテコ入れする。約百十店の営業を継続する方針だが、証券化店舗の扱いなどを巡り調整になお時間が必要で、十二月末に迫った裁判所への更生計画案の提出を延期する見通しだ。

昨年十月に前年比三四・五%減だった売上高は三—八月に一六・三%減の約三千九百億円とマイナス幅は縮小したものの八月も一二・二%減。仕入れ代金の支払いを衣料品で約半年に延ばすなどし、四百億円超の手元資金が積み上がり、資金繰り不安は後退したが、自立できる営業力はない。

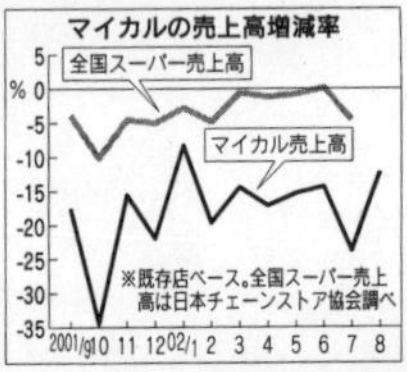

「客数を増やすため購買頻度の高い食品の強化が課題」(事業管財人の岡田元也イオン社長)。手元資金から十八億円を投じ、十一十一月に食品売り場中心に、総合スーパー「サティ」四店と専門店ビルの「ビブレ」三店を改装。橋本ビブレ(神奈川県相模原市)と北千里ビブレ(大阪府吹田市)は顧客の来店頻度の高いサティに転換する。来春までにさらに九店を改装する。

経費節減のため破たん前から見送ってきた水道・空調など店内設備の修繕も年内に六十一七十店規模で実施、投資額は合計九十億円を見込む。

イオンもマイカルの営業立て直しを支援、グループの衣料・雑貨専門店のブルーグラスは三月以降、七店に出店。九月十四日に奈良ビブレ（奈良市）にも入る。スポーツ専門店「スポーツオーソリティ」は六月、つきみ野サティ（神奈川県大和市）に約二千五百平方㍍の売り場を設けた。

テナントの退店などで昨年十二月時点で延べ約十万平方㍍あった自店内の空き床は、三分の一以下まで縮小している。

火曜日の99円均一食品セールで、平日の売上高底上げを狙う（兵庫県三田市の三田ウッディタウンサティ）

店舗の賃借料は来年二月までに年換算で九十億円減額する方針で、破たん時より約三十店少ない約百十店体制を前提に、「二〇〇三年度に黒字化を果たす」（榎本恵一事業管財人代理）考えだ。

ただ、更生計画案提出について瀬戸英雄法律管財人は「（二月に更生計画を終結した）旧ヤオハンでも二年かかった」としており、半年程度ずれ込む公算が大きい。

更生計画案、提出は延期へ

証券化店舗の交渉長引く　賃料巡り対立残る

マイカルが経営破たん前に証券化した店舗不動産をめぐる管財人と投資家側代理人の交渉は長引いている。「（長期間解約できないなど）マイカルにとって不利な契約を変更することについては八割方合意した」（管財人サイド）というものの、賃料の引き下げ幅やマイカルが差し入れている入居保証金の扱いでは、対立点が残ったままだ。

賃料についてはマイカル側も「必ずしも現在の賃料が高いと思っているわけではない」（法律管財人の瀬戸英雄弁護士）と従来よりはトーンダウンした。このため店舗の賃料が大幅に減額され、投資家に販売した商業用不動産ローン担保証券（CMBS）の元利払いに支障をきたす可能性は遠のいている。

それでも、証券化で調達した資金の借り換えが予定通りできなければ、現在の契約ではこの先賃料が大幅にアップすることになっている。再建を軌道に乗せたいマイカルには受け入れがたい〝ペナルティー〟。元利払いの原資を確保したい投資家側との溝は埋まらない。

一方、残高が九百億円にのぼっている個人向け普通社債については、他の無担保の債権（一般更生債権）より弁済率を高くできるかどうかが焦点になってきた。「債権者は公平に扱われるべきだ」との原則にてらせば特別扱いは難しい。だが、個人向け社債の発行から一年前後で経営破たんしたことで、管財人は個人投資家に配慮する姿勢を見せている。

「日本経済新聞」（2002. 9. 21）から

2　ダイエーとイトーヨーカ堂の比較分析

定量的分析

一九八八年二月期〜一九九八年二月期の時期は、バブル崩壊を挟んだ一〇年間であり、両社の量的な面で分析をしてみると、二〇〇〇年以降の動きが良く判るために、ここで確認をしておきたい。

読者も、自社の営業数値を算出してみると、客観的に自社の弱み、強みが明確になるのでぜひ、トライしてみてほしい。

また、定性的な分析のツールとして、SWOT（スォット）分析が大変役に立つ。SWOTは内部環境の分析として、S＝ストレングス（強み）、W＝ウィークネス（弱み）を表し、外部環境分析の結果として、O＝オポチュニティ（機会）、T＝スリート（脅威）を発見できる。

「敵を知り、己を知ること」が、競争に勝つ秘訣である。

表1　売上の伸び

年月	ダイエー		イトーヨーカ堂	
	前年伸び率	88.2を100	前年伸び率	88.2を100
88.2	—	100.0	—	100.0
89.2	108.1	108.1	110.9	110.9
90.2	106.1	114.6	107.7	119.2
91.2	103.7	118.8	107.7	128.4
92.2	109.9	130.6	107.7	138.2
93.2	99.5	130.0	103.6	143.2
94.2	102.9	133.7	101.7	145.6
95.2	122.5	163.9	100.1	145.8
96.2	98.5	161.4	100.4	146.4
97.2	100.1	161.6	100.1	146.5
98.2	98.6	159.4	100.1	146.6

ダイエーは、92.2期まで順調に売上げを伸ばしてきた。93.2期にとつぜん売上が低迷し、94.2期、95.2期には売上の回復とみられたが、96.2期より低迷期が始まった。

イトーヨーカ堂は、94.2期までは、順調であったが、95.2期より、ほぼ売上が横ばいとなり、停滞が鮮明になってきた。

両社とも、バブルの崩壊が小売業の売上にも影を落としてきたことが読み取れる。売上の変動は、移動平均法を用いて、売上の推移を正確に把握すると判断がしやすくなる。

表2　経常利益の伸び

年月	ダイエー		イトーヨーカ堂	
	前年伸び率	88.2を100	前年伸び率	88.2を100
88.2	—	100.0	—	100.0
89.2	111.3	111.3	110.9	116.9
90.2	108.1	120.3	107.5	127.6
91.2	104.0	125.1	107.7	142.9
92.2	103.3	129.3	107.7	155.4
93.2	87.3	112.9	103.6	156.0
94.2	91.6	103.4	101.7	131.1
95.2	32.3	33.8	100.1	120.0
96.2	347.3	117.5	100.4	122.5
97.2	2.3	2.7	100.1	111.4
98.2	マイナス	—	100.1	112.5

ダイエーは93.2期と96.2期より経常利益が極端なダウン。無理な売上の確保のため、利益が確保できず、98.2期は経常利益がマイナスになった。

イトーヨーカ堂は95.2期より経常利益の伸びが停滞しだしたが、かろうじて、売上の前年伸びと経常利益の伸び共に100%をキープしている。

いかに、売上と利益のバランスをとることが、小売業にとって、重要性を持っているかが判る。

極端な売上志向や、逆に利益志向は、企業体質を弱めてしまうし、顧客の信頼を失ってしまう。

表3　株価の推移

年月	ダイエー		イトーヨーカ堂	
	高値	安値	高値	安値
88.2	2370円	1400円	4850円	3570円
97.2	914円	485円	7180円	5070円
伸び率	△38.6	△34.6	148.0	142.0

ダイエーは9年間で約三分の一に下落、ちなみに、2002.8.16の最終株価は、214円である。

イトーヨーカ堂は約1.5倍に高株価を維持、ちなみに、2002.8.16の最終株価は、5470円である。

表4　出店エリア分析　　97.2期

ダイエー			イトーヨーカ堂		
出店地区	売上高	売上構成比	出店地区	売上高	売上構成比
関東	716億円	35.9%	関東	922億円	60.3%
近畿	602億円	30.2%	北海道	111億円	7.2%
九州	256億円	12.9%	東北	88億円	5.7%
中部	136億円	6.9%	中部	77億円	5.0%

ダイエーは近畿の地元以外にも展開して、数の上では、全国展開を目指しているチェーンストアーになっている。これは、チェーンストアー理論に没頭して、その店舗の商圏の顧客ニーズを忘れていることと同じである。

イトーヨーカ堂は、あくまでも、首都圏中心の出店であり、効率を優先しているし、顧客のニーズが迅速に吸い上げられる商圏で商売をしている。

表５　労務分析　97.2期

	ダイエー	イトーヨーカ堂	D/IY 対比
売上高	2,505,503百万円	1,546,435百万円	61.7
売上総利益率	23.6%	27.1%	(+)3.5
売上総利益高	591,299百万円	419,084百万円	70.9
人件費	196,746百万円	154,932百万円	78.7
平均従業員数	47,896人	38,558人	80.5
１人当たり売上高	50,836千円	33,677千円	66.2
１人当たり人件費	4,108千円	4,039千円	98.3
人件費率	7.9%	10.0%	(+)2.1
労働分配	33.3%	37.0%	(+)3.7

ダイエーの97.2期の経常利益から想像すると、人権費の削減に走り、売上規模に対して、平均従業員数が低かったり、一人当たりの売上高がイトーヨーカ堂に比較して、かなり高い状況になってきている。これらの数字から判断すると、人員削減により、売り場に手が入らず、荒れた状態になっており、長期的にも、経営の質が問われているということが読み取れる。

一人当りの人件費率は、ダイエーに対し、イトーヨーカ堂は(+)2.1%高くなっているが､売上総利益率で(+)3.5%と上まわっているため､人件費率を吸収している。

安易な価格訴求は将来の利益を食いつぶしてしまう危険性を含んでいる。

表6　設備投資額とその効率

		ダイエー		イトーヨーカ堂	
		97年度	98年度	97年度	98年度
設備投資額	新店	250億円	200億円	450億円	534億円
	新店割合	32.1%	28.6%	68.90%	82.20%
	既存店	530億円	500億円	203億円	116億円
	総額	780億円	700億円	653億円	650億円
1㎡当たり投資額	新店	437.7千円		468.4千円	
	既存店	18.0千円		14.3千円	
	全体	25.9千円		43.2千円	
1店当たり投資額	新店	2,782百万		5,624百万	
売場面積	新店	57千㎡ 6千㎡/1店		96千㎡ 12千㎡/1店	
	既存店	2949千㎡		1417千㎡	
	全体	3006千㎡		1513千㎡	
店舗数	新店	9店		8店	
	既存店	369店		155店	
	全体	378店		163店	

ダイエーは既存店に力を注がなかったため、既存店の活力が弱まっている。新店の売場面積が六千㎡とイトーヨーカ堂の新店の12千㎡の約二分の一であり、将来においては、店舗の競争力が弱まる恐れが現出している。

イトーヨーカ堂は、過去において既存店の活性化のために新店の出店を押さえてきたが、既存店のリニューアルも一段落し、投資を新店に振り向けてきた。

表７　財務指標

	ダイエー	イトーヨーカ堂
流動比率	50.14%	152.04%
固定比率	375.45%	96.22%
自己資本比率	20.56%	73.58%
使用総費本利益率	0.05%	5.37%
使用総費本回転率	2.00回	1.93回
棚卸資産回転率	19.47回	28.52回
借入金(短期)	179,040百万円	9,230百万円
借入金(長期)	203,445百万円	0
借入金(ＣＰ)	112,000百万円	0
ＥＶＡ(96年)	▲14,344百万円	(＋)72,842百万円
転換社債の各付け	ＢＢＢ＋	ＡＡＡ
売上高総利益率	23.60%	27.10%
売上高営業利益率	0.10%	3.70%
売上高経常利益率	0.02%	4.50%
売上高当期利益率	0.05%	2.79%

ダイエーは自己資本比率が少なく、企業体質の弱さを、借入金でまかなっている経営の姿が、はっきりと浮かんでいる。さらに、棚卸資産回転率を見てもイトーヨーカ堂より10回少なく、滞留在庫で売場が埋まっている状況である。

イトーヨーカ堂は短期支払能力である「流動比率」は152%であり、財務構造の適否（長期支払能力）を示す「固定比率」は96%と理想に近い。また、資本の安定性を示す「自己資本比率」も理想どおりであり、財務状況は健全経営である。

このような、経済環境の中で、理想に近い財務指標が出せる企業体質と経営管理構造は、あらゆる小売業はもちろん、その他の業種の企業も、十分に研究して、自社に取り入れることが大切である。

表8

	ダイエー	イトーヨーカ堂
ＰＢ政策	低価格の需要喚起型	共同開発での付加価値型
環境対策	ＣＯ２排出量８％減のガイドラインの策定	トヨタなどと組み環境保全の情報効果に組織を挙げて取り組む
新サービス	視聴覚障害者向け歩行案内サービス 高齢者向け配達サービス	託児所の設置 無料の子供図書館の設置
金融関連サービス	銀行預金の引き出しサービス インストアーブランチの導入	銀行業への参入（ＩＹバンク）
組織図	販売中心のカンパニー	ラインとスタッフの明確化
全体	「思い入れ』の経営 財務体質の弱体化 買収による規模の拡大 継続性の欠如 いいものを安く 革新的なチャレンジ精神 独自の業態開発	データ重視の合理主義 ほぼ無借金経営 投資効率の追求 仮説、実行、検証のサイクル 単品管理と機会利益 確実な二番戦略 諸外国からのノウハウ取得

定性的分析

定量的な面と定性的な面を一九八八年二月期〜一九九八年二月期の一〇年間で両社を分析すると、表8のように両社の経営方針が浮き彫りになってくる。

最近の両社の動き

組織の活性化の狙いとして、全管理職（役員は除く）三八〇〇のポストを対象に社内公募制を導入した。これにはパートの応募もできる。

ダイエーも同じように、組織の活性化にために、制度を変更してきた。ダイエーはいま高木体制に移行している。五二〇〇億円の金融支援を取り付け、再建に向けスタートを切った高木社長は全国の店舗に赴き、現場のパートや一線の担当者とのコミュニケーションを取りながら、風通しの良い企業風土や文化に切り替えており、店舗の現場を見るかぎり、少しずつ変化してきたように思えるが多難な再スタートである。

総額五二〇〇億円の金融支援を受け、本格的なダイエー再建が始まった。二〇〇二年二月期の単体経常利益は一四一億円を確保した。しかし、経営再建中のダイエーでは、不振の家電部門にヤマダ電機の出店計画が決裂し、二〇〇二年一二月の歳末商戦は既存店前年比三・二％減となった。二〇〇三年二月期に期待したい。

イトーヨーカ堂は、さらなるスリム化に向け、傘下のダイクマをヤマダ電機に売却し効率重視の経営姿勢を鮮明にしている。二〇〇二年二月期の決算は、既存店伸び率が前期マイナス六％からゼロに改善し、営業利益は単体で八八・一％増の三〇六億円に拡大してきた。

しかし、セブンイレブンの単体営業利益は一五一八億円であり、グループとしては子会社が全体の業績を引っ張っている形になっている。

総合スーパーと言われている両社は経営の質により、業績に大きな差が出ているが、「総合性」ゆえに、専門店の拡大、躍進に対抗するためにも、明確な差別化が見出せないと将来性は大変厳しいと考えければならない。

3 「共通化」と「異質化」の再構築

これからの小売業の政策で一番重要な要素は、「共通化」できるものは、徹底的に「共通化」してコストダウンをし、逆に、「異質化」するものは、徹底して「異質化」することで、他社に真似のできない差別化戦略を行い、競争優位に立つことである。

そのなかでも特に、サービス、品揃え、人員（応用）は、競合のますますの激化に打ち勝つツールとして明確に「異質化」することが大切である。

サービスは、その商圏に合った内容とする。たとえば、山坂の多い地域では、何よりも宅配サービスを優先する。

高齢者の方には重い物、かさばる物は手を差し伸べて、買い物のお手伝いをする。お客のそばを無言でとおり過ぎない。

アメリカではお客を怒らせる要因の第一位はお客を無視することである、と言われている。

表9

	これから		いままで
共通化の要素	立地　建物構造　レイアウト システム　人員（基本レベル）	⇦	サービス　品揃え　人員
異質化の要素	サービス　品揃え　人員（応用レベル）		立地　建物構造　レイアウト システム

品揃えは必ず、顧客ニーズに沿い、その上で、自店の特徴を打ち出した品揃えとする。また、地域行事にもできる限りフィットしたり、トレンドに敏感に対応する必要がある。人員の躾《しつけ》、身だしなみ、言葉遣いなどはどの店舗でも良いほうがいいので、共通項目であるが、応用編はその地域や状況にあわせた内容ができるように教育訓練を行うこと。たとえば、体の不自由な人に対して、「いらっしゃいませ、○○です」だけで、お客を案内するのではなく、車椅子が通れる通路幅になっているか、何か障害物はないか確認するなど、心のこもった態度で接するべきである。

教育には、サービス教育ではなく、ホスピタリティ教育を導入すべきである。ホスピタリティ教育は、ホストとゲストという対等の関係で構築されるものであり、心からの相互信頼で成り立っている。

さらに、本部人員は、できる限りスリム化し、要員は本部のやるべきこと、たとえば共通化すべき要素のシステム化や異質化のための独創的な仕組みづくりに充てるべきであり、過去の仕事のための人員配置はするべきではない。

共通化及び異質化推進を行う前提として、経営者の主要な仕事の優先順位についても指標を示しておこう。特に日米の経営者の考え方が、逆転してしまったかのごとくに変化している。

〈米国〉

①顧客志向

②品質

③革新志向

〈日本〉

①収益性

②成長性

③技術開発

日本の経営者は、経営のスタイルに「短期志向」の色合いを強く出してきているが、トヨタは一九九九年九月二九日ニューヨーク・ロンドン市場に株式を上場したとき、「終身雇用は企業の利益上でもメリットがある」（奥田会長）と長期的視野で経営に臨むことを明言した。

V 小売業の未来戦略

1　ローコスト・オペレーションの実践
——イトーヨーカ堂とウォルマートの比較分析

ウォルマートを評価するときには、数多くのポイントがあるが、ここでは「価格戦略」と「コスト・コントロール」の面でいかに優れているかを見てみよう。

まずはじめに、「価格戦略」を見てみよう。価格設定は大きく分けて「ハイ・ロー・プライシング」と「エブリデー・ロー・プライシング」の分けられる。

「ハイ・ロー・プライシング」は日本の大多数で採用しているスーパーマーケットの価格戦略である、通常価格（ハイ・プライス）と特売価格（ロー・プライス）を組み合わせすることで顧客を吸引する価格戦略である。しかし、最近では、女性の社会進出で朝から買い物に行く機会がなくなり、その効果が半減してきている。

「エブリデー・ロー・プライシング」は長期にわたって価格を安定的に低価格で設定し、コストを抑えることで成り立つ仕組みである。

表10

	企業名	1992	1993	1994	1995	1996	
売上の伸び	イトーヨー堂 ウォルマート	100 100	95 121	95 149	95 169	99 189	(−) 1.0 (+)89.0
売上総利益率	イトーヨー堂 ウォルマート	32.5 20.4	33.2 20.6	33.6 20.5	34.2 20.4	34.6 20.2	(+) 2.1 (−) 0.2
販売費・管理費	イトーヨー堂 ウォルマート	25.7 15.0	26.4 15.3	26.2 15.6	26.6 16.0	27.3 16.0	(+) 1.6 (+) 1.0

特に、ウォルマートはこの「エブリデー・ロー・プライシング」政策を徹底的に実施している企業である。上記の表で確認してみると、売上総利益率がウォルマートの一九九二年の二〇・四%から一九九六年の二〇・二%へと、この五年間でなんと〇・二%もダウンをしているのである。この数字で、とりもなおさず、「エブリデー・ロー・プライシング」が全社にしっかり根付いていることが判る。

この「エブリデー・ロー・プライシング」と対を成している「コスト・コントロール」についても表10によって検証してみよう。

ウォルマートの一九九二年の販売費・管理費は一五・〇%から一九九六年の一六・〇%になり、一・〇%の増加になっているが、売上が八九・〇%の大幅な伸びを見ることから、大変すばらしいコントロールがなされていると判断される。

イトーヨーカ堂は一九九二年をベースに分析してみると、売上はほぼ横ばい状態であるにもかかわらず、販売費・管理費は一・六%もアップしている。

これは、ローコスト・オペレーションにはなっていなく、イトーヨーカ堂でさえコストコントロールができていないと見るべきである。

まわりの競合店が、ローコスト・オペレーションを実施しているから、自店も行うという考え方は、大変危険である。

自店の方針やポジショニングをしっかり位置づけてからローコスト・オペレーションが必要であるかどうかを見極めることが大切である。

2　ライフスタイル多角化戦略への適合

今までの小売の多角化戦略は、金融機関の潤沢な融資と証券市場でのエクイティ・ファイナンスでの資金調達をテコに、本業とかけ離れた事業に投資をしたことにより、投資効率の悪化と不良債権化を引き起こしてきた。

しかし、これからは人生の生から死に至る個人のライフサイクルでの生活様式、すなわち、ライフスタイルに基づいた多角化戦略を推進するべきである。そのことにより、顧客との相互信頼感の育成と生涯顧客化が成し遂げられるのである。

ライフスタイル多角化戦略は、あくまでも顧客主導を中心として、外部環境と内部環境とをＩＴを活用することによって明確にし、その上で人、物、金、情報、サービス、管理面を有機的に統合し、バランスを保ちながら資源を投入して、個人の一生のライフサイクルに対応のできるものを構築すべきである。

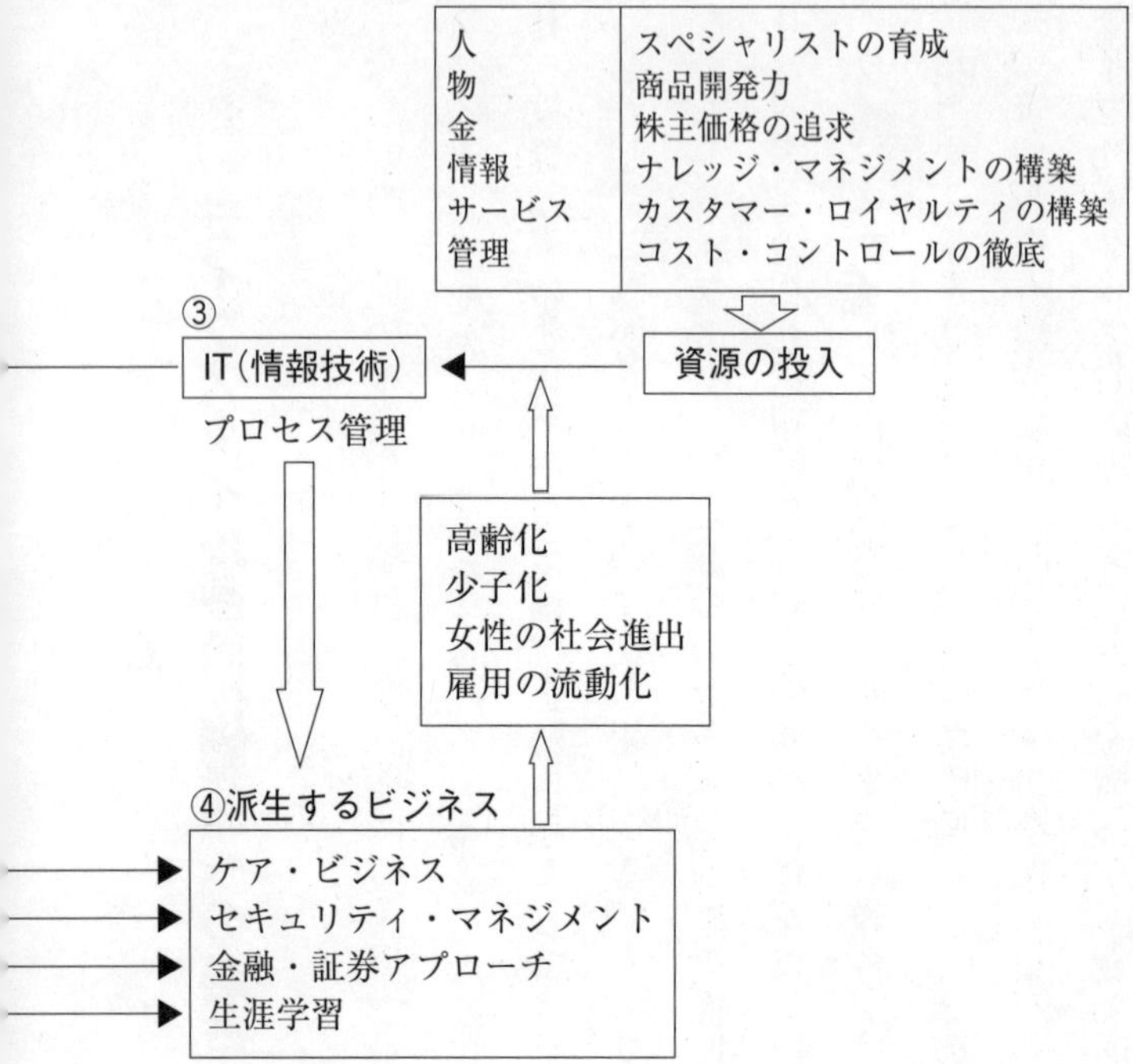

③ IT（情報技術）

小売業界は、欧米のノウハウや技術を取り入れて規模の拡大を行ってきたが、それを活用する力が不足している。特にIT化には、システム導入ができても、その実行力となると不安が大きい。ITをできるだけ使いこなすことが重要である。

②派生するビジネス

4大関心事に対応したビジネスは、大きな市場を形成していた。自社の資産や力量に合ったビジネスを選択し、拡大してこそシナジー効果が現れる。

図2

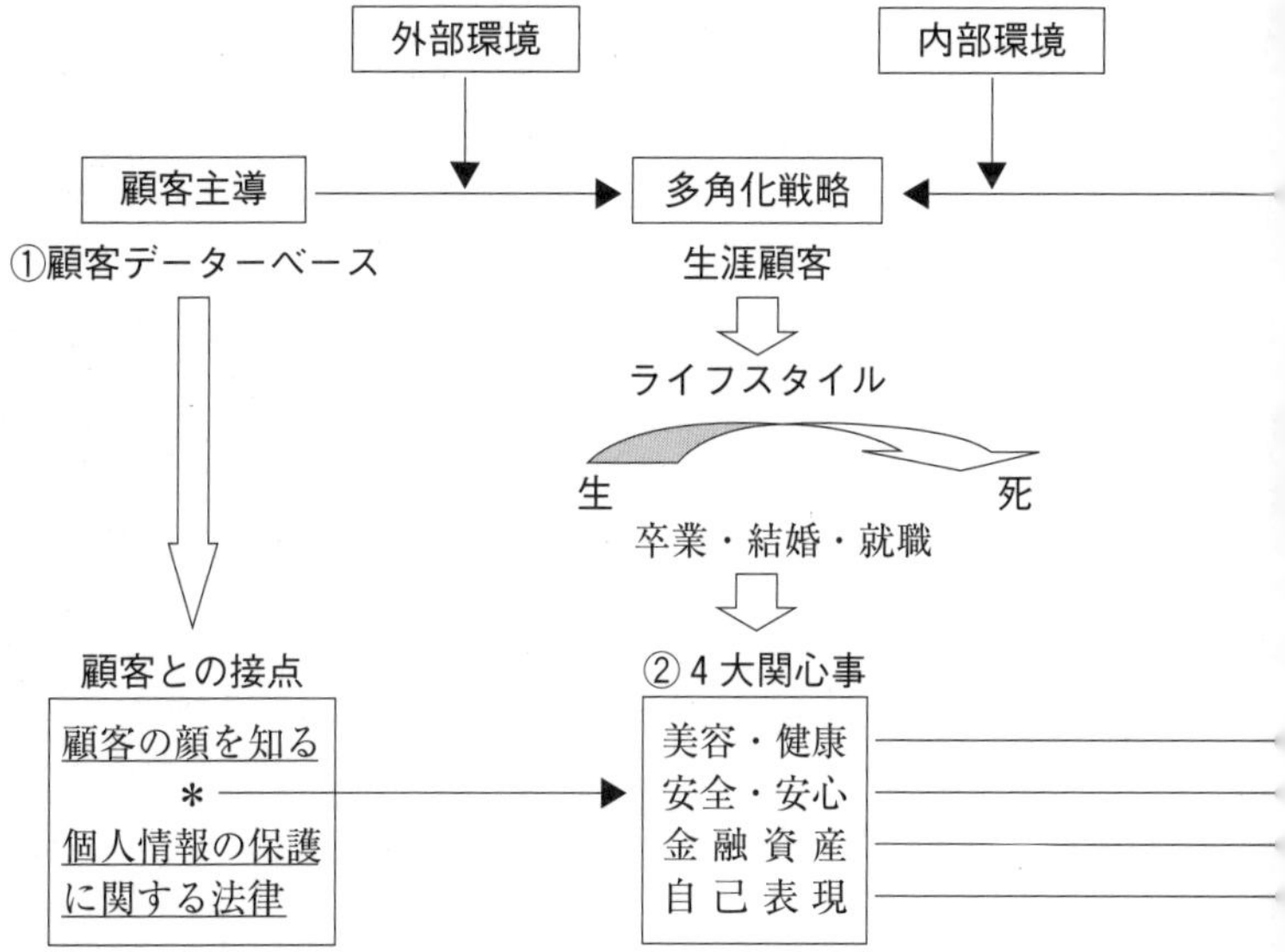

①顧客データーベース

今までの小売業は、誰が何を買ったというデータではなく、商品が何個売れたかというデータであった。

これからは、one to one マーケティングのように、1人1人の顧客が、何を・いつ・買ったかをデーターベースにした顧客管理が大切である。

②4大関心事

経済の質的向上に伴い、消費者のニーズが基礎的ニーズから、自己実現をテーマにしたニーズに移行していく、ただし、昨今の食品業界の不祥事やテロ事件の発生などで、「安全・安心」についても関心が高い。

3 情報と機能に基づいた「サプライチェーン・マネジメント」への取り組み

サプライチェーン・マネジメントは、あくまでもメーカーサイドから見た製品、情報を主体に構築されているが、ここでの提案は、顧客主導から情報の流れと、それに関連する各機能のあり方を明確にして、これからの流通、サービス業におけるサプライチェーン・マネジメントの提案をしてみたい。

いままでの流通、サービス業は、全体最適化を目指すというよりは、個別最適化を常に意識して改善してきたが、これでは抜本的な改革に結びつかず、生産性の向上にならない。アメリカを一〇〇とすると、日本は約六〇の生産性の水準であると言われている。このような状況を打開するためには、流通、サービスに適合したサプライチェーン・マネジメントを導入すべきである。

特に、注意を払わねばならない点は、情報のコントロール権が、メーカーから流通業へ、そして顧客に移動していることである。当然、情報は、従来より顧客が発信してきているが、その情報を顧客が自らコントロールできる、ということである。顧客は、市民としての面と企業や公官庁での勤務している従業員としての面を持っており、知的生産をつかさどる主体となっている。

従来のように、企業サイドからの一方通行の情報発信では、顧客満足を満たすことはできなくなっている。顧客は自らのライフサイクルを真剣に考え、個性あるライフスタイルを求めており、それに合わないものは即受け入れなくなってしまう。最近のユニクロの凋落《ちょうらく》や各社の倒産劇は、単なる顧客の飽きや不良債権の処理問題では対応できなくなっていることを示している。

特筆すべきは、小売と顧客との関係は、いわゆる顧客共創化である。商品を売る小売と商品を買う顧客との関係ではなく、お互いのニーズを、ぶっつけ合う〝場〟の創造により、社会的なロス（時間的・生産的）をできるだけなくすことが必要である。殊に、知識の共有化が重要なポイントになる。

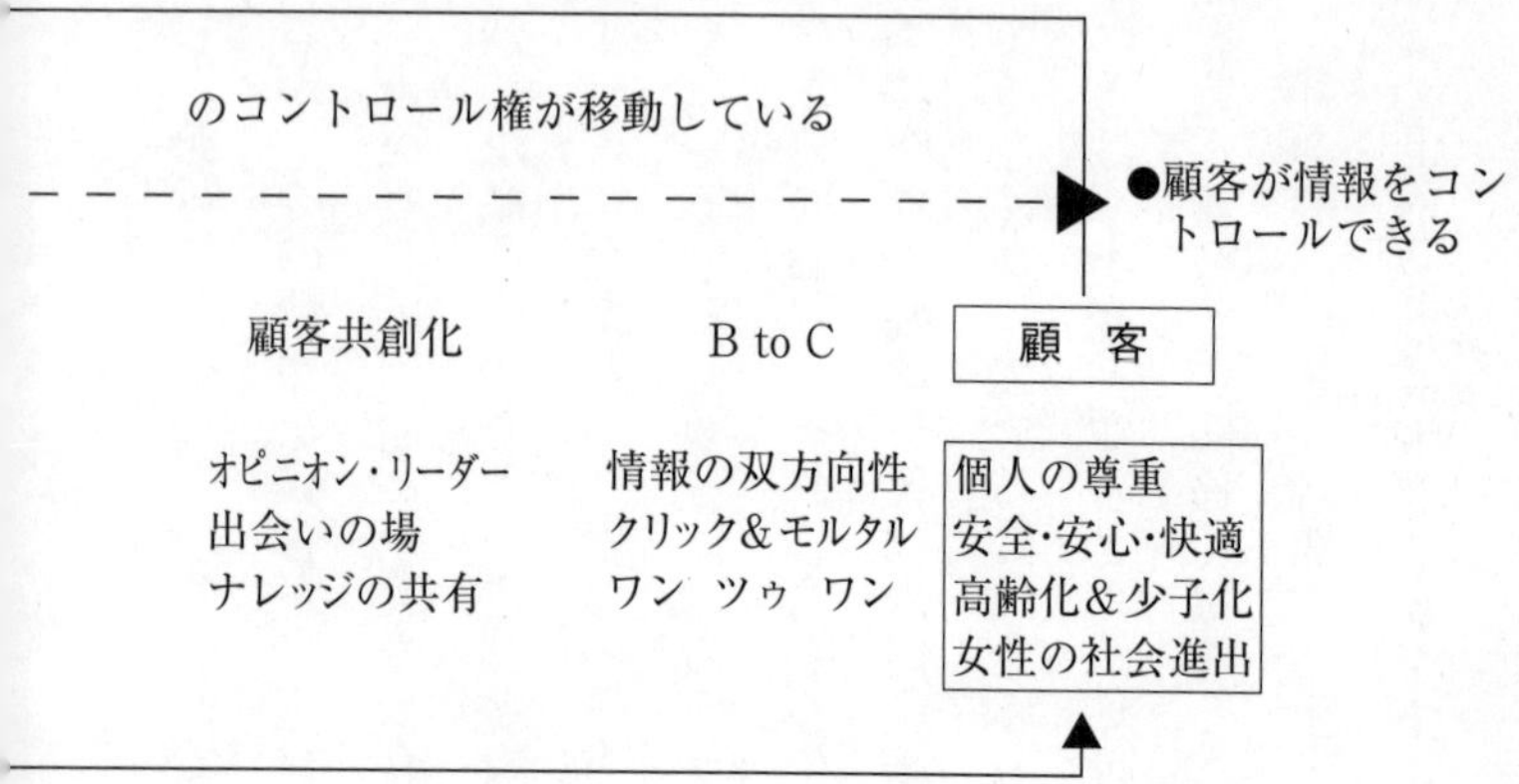

②小売の主体的取り組み事項

- ホスピタリティ：企業と顧客は、ホストとゲストの関係を常に保つ。相互信頼・相互理解がお互いに必要である。
- コンセプト・ショップ：店頭の看板をはずすと、どこの店か判らないようでは、個性的な店とは言えない。コンセプトをしっかり持った店づくりが求められている。
- 全体最適化：店舗、仕入、人事、開発という機能面での仕事優先ではなく、顧客主導の全社的な仕事の取り組みが大切である。一番弱い部分を、その企業の水準として、顧客が認識する。全体の底上げが急務である。
- コンプライアンス：法令順守はトップ・マネジメントだけでなく、各階層別にブレイクダウンして、実行できるレベルに判りやすく分解して、提示する必要がある。

図 3

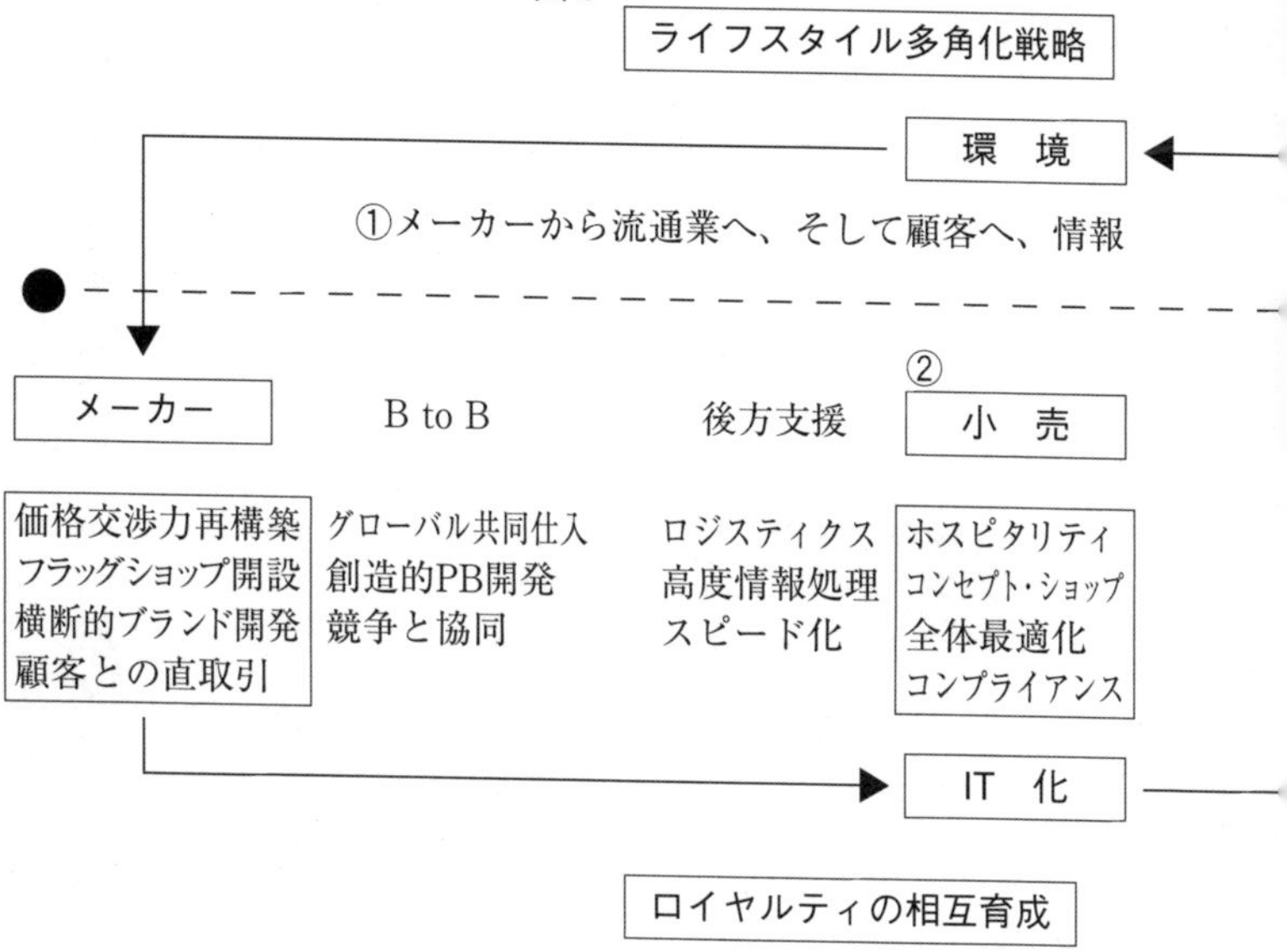

①情報の主体が顧客へシフト

インプレス発行の「インターネット白書2002」にすると、2002年2月末の日本のネット人口は4619万3000人となり、その内、50歳代以上が全体の21.6%を占める。

しかし、ネット普及率（対人口比率）は34.7%と欧米の65〜55%と比較して少ない。

だが、情報のスピード化、消費者へのダイレクト化により、情報の主体が顧客へますますシフトしていく。

4 小売業における「ナレッジ・マネジメント」[注]の検証

企業はいかなるマスメディアを使った広告宣伝をしても、顧客との第一次的コミュニケーションは、結局個人レベルの接点にしか発生しない。いかなる大組織といえど同じであるし、インターネットを駆使しても同じである。

逆に、インターネットの運営のほうが「ワン ツゥ ワン」マーケティングを前提にしているため、個人レベルの接点が、有店舗以上に大切になる。

「いつものスーパードライと味が違う」

「ビールはやっぱり、缶よりビンがうまい」

「同じ一〇〇グラムなのに、きょうのは、いつもより少ない感じがする」

こんな感性のいっぱい詰まった「お客様」にどう対応していくかが、流通、サービスにとって大切なのである。

従業員が、「個人知」をベースに、優良顧客との接点を通して顧客づくりの第一歩がスタートする。優良顧客を発信源とした「クチコミ」によって顧客の輪が広がっていく。広がり方は一直線ではなく、くもの巣状の形で広がっていくと考えられる。しかし、いかなる場合でも、従業員の個人個人がすべてにわたって高い顧客満足を提供できるということではない。

個人の「個人知」に頼っていると、「個人知」の限界が顧客満足の限界になってしまう恐れがあるし、コンプライアンスを逸脱してしまう場合が起きることもある。この限界を乗り越えるためには、自主運営を中心とした「チーム知」を活用したほうが、全体のシナジー効果が大きい。また、「チーム知」をベースにしたほうが、改善効果が出しやすい。

さらに、「組織知」での運営は、トップマネジメントの強力なリーダーシップと企業理念、コンプライアンス、顧客志向、従業員への配慮、情報ネットワーク、情報セキュリティ、相互コミュニケーションなど、十分に検討するべきである。

外部環境や内部環境の変化を反映し企業の行動を変革しなければならない。そのときに、大切なことは、「コンセプト」の独自性である。日本の各店舗は、看板をはず

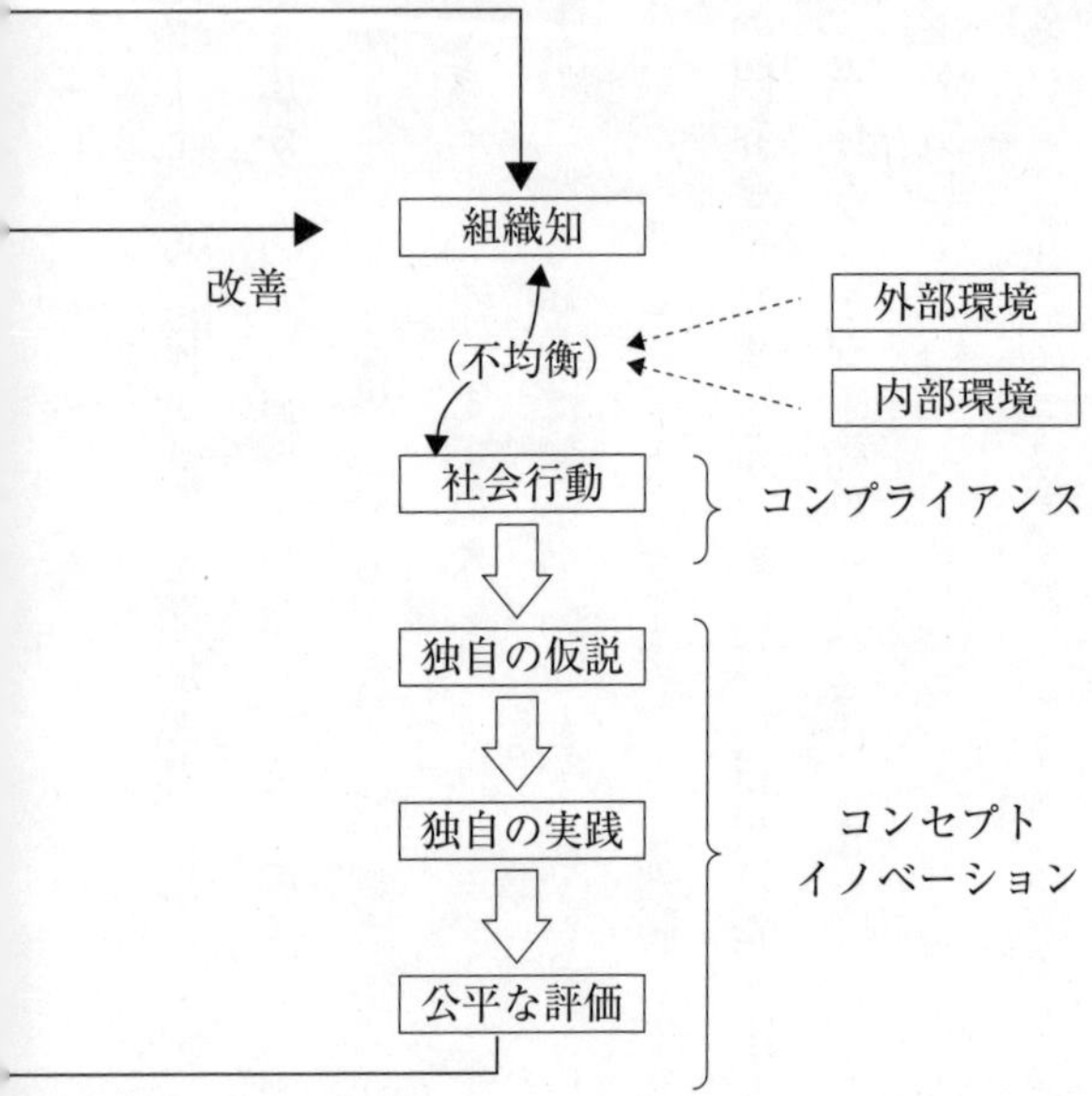

②個人知とチーム知

婦人衣料の「しまむら」が、近隣型ショッピングセンター（有力専門店を組み合わせた商業施設）への出店と平均原価750円の低価格実用衣料を43〜53点という豊富な品揃えで、79店舗（2002.8末）と急拡大しているが、その影には、従業員（主としてパート）の顧客の声やそれに伴う従業員の創意工夫を集めた提案が無数に出てきて会社の活気と力量の向上を底上げしている。

図４

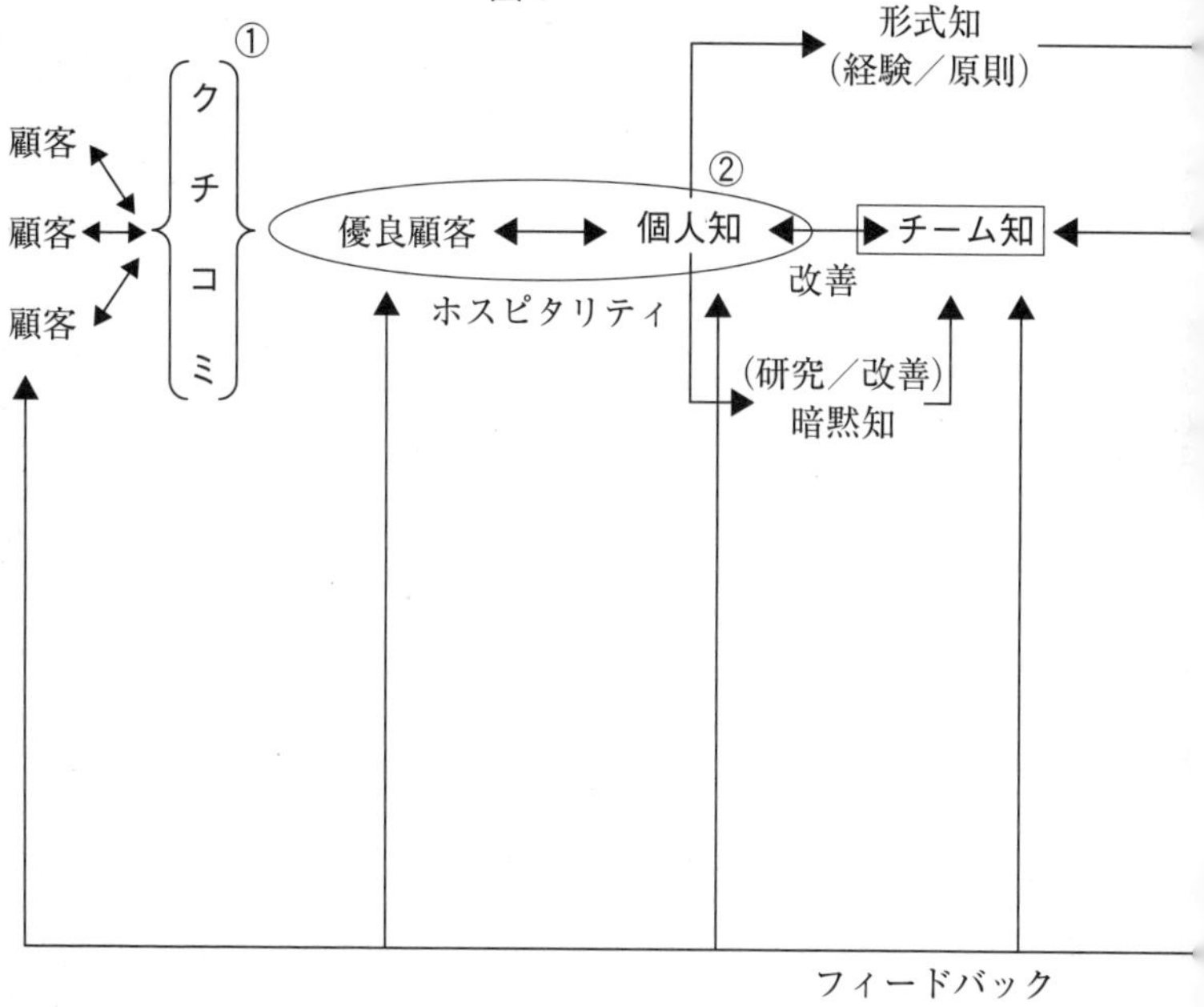

①クチコミ

最近「クチコミ」について、本の出版が相ついでいる。今までの宣伝は、広告として、チラシの訴求を中心としてきたが、チラシを折込んだとしても、女性の社会進出が多くなってくると、チラシを見ない。それ以上に新聞をとらない家庭が増えてきている。一過性の広告よりも買物をして、利用してくれた顧客が一番の広告となる。近頃は、４Ｐ（プロダクト、プレイス、プロモーション、プライス）というマーケティング手法に、「クチコミ」と「関連販売」が加えられてきている。

すと、どこの企業なのか判らなくなってしまって、特色がないと言われる。

この独自性が今後の小売業、サービス業にとって重要な競争戦略になる。競合店より大きく豪華な店舗づくりや一円安く売る価格競争では、顧客に満足を提供しているとは言えない。ましてや、本格的なローコスト・オペレーション志向や経営の独自性を持ち、顧客への絶対サービスを掲げている有力な外資に対抗できない。

今こそ、独自性を持った、コンセプトのはっきりした企業にナレッジ・マネジメントを活用して変身を遂げるべきである。

注　ナレッジ・マネジメントとは社員個人や社内に散らばっているアイデアやノウハウなど見えない知識を資産としてコンピュータを使って共有し、全社的に活用できる社内システムを作り上げることをいう。（企業経営通信学院「企業経営理論」より）

VI

小売業のイノベーションの源泉と起業家精神

日本の小売業の閉塞感を打ち破るには、自らのイノベーションが必要である。他者の力を借りても、経営を改革する本物の推進力にはならない。

いま、小売業を営んでいる経営者および従業員は、歴史上の偉大な商人の足跡を理解し、顧客への奉仕の精神や仕事への取り組みを再構築するときにきているのではないか。

1　ボン・マルシェ（ブシコー）

ボン・マルシェができた当時のフランスは、一八五二年にナポレオン三世が即位、一八五五年にパリ万博が開催された時代であった。

ボン・マルシェは、パリに世界初のデパートとして、一八五二年創業した。その当時のパリは、雨が降るとぬかるんで道が歩けなくなり、昼間でも薄暗く物騒な町であった。ただ見るだけのお客は、店内に入ることができなかった。買うことのできるお客しか店内に入れなかった時代である。そのような前近代的な小売の時代に、ブシコー夫妻は、顧客志向の「入店自由」「定価販売」「返品可」「工場からの直接仕入れ」「薄利多売方式の採用」など、現在の小売業のイノベーションの源泉を次々に、アイデアから実行へと変えていった。このようなアイデアは、日本の小売業でさえ、まだ出来上がっているところが少ない。それ以外にも、目玉商品、一二ヶ月大売出し、サニタリー・ルーム（トイレ）、無料ビュッフェ（無料飲み物サービス）、待合室兼読書室の設置、通信販売、従業員によるクラッシクコンサートなどのアイデアが実際に行われた。夫の死後、ブシコー夫人は、社会福祉への貢献や住民への配慮、従業員への厚遇を行った。

また、次のような画期的な制度や対応、設立にも注力を注いだ。

退職金制度、養老年金制度、社内預金制度、株の無償譲渡

普仏戦争時、飢えに苦しむ五万人に食料配布

ブシコー病院の設立、パスツール研究所の母体の設立

私達にできることを一つずつ確実に改善や新しい提言をしていこう。今の時代なら何でもできる。自信をもって、仕事に取り組んでみよう。

2 キング・クレーン（マイケル・カレン）

マイケル・カレンが今までにない販売形態を展開したときは、まさに一九三〇年の世界大恐慌のときであった。一九三〇年三月一二日ニューヨーク州クィーンズの見捨てられたガレージで「キング・クレーン」を開店した。

それは一年間で失業者が七〇〇万人に急増し、大恐慌が発生した時代である。大恐慌のとき、将来への不安から消費者は「ますますの買い控え」をしたが、マイケル・カレンは新しいスーパーマーケットを開発し、人々を消費に向かわせた。

アメリカの合理主義と科学的管理を土台にしたスーパーマーケットは、「セルフ・サービス、無料駐車場、ワンストップ・ショッピング、現金払いと持ち帰り」などいろいろな新しい試みを実施した。今日のスーパーマーケットの基礎を作り上げたのである。

社会の混乱および消費者の不安な時代にスーパーが生まれた意義は、特別な意味をもっている。現代の日本の混迷期でも、その力が試されるときであると思う。

3 ウォルマート（サム・ウォルトン）

サム・ウォルトンがディスカウントストアーを開店した翌年の一九六三年は、ケネディ暗殺が起きた時代である。サム・ウォルトンは一九六二年アメリカのアーカンソー州ロジャースに第一号店のディスカウントストアーを開店した。偶然にも、この年に、同じディスカウントストアーのＫマート、ターゲットも開店している。

ウォルマートは、小規模な都市に巨大な店舗を展開し、地域の大部分のシェアを取ってしまう戦略を行った。そして、新しいテクノロジーの採用と高度な後方支援体制の構築で、またたくまに世界最大に成長した。

ウォルマートの二〇〇一年度の売上は、二八兆円で、一年間の売上の増加は、三兆三〇〇〇億円であり、イトーヨーカ堂（連結売上）が毎年生まれる勘定になる。

後方支援体制は、どの小売業も手をつけなかった物流に利益の根源を見つけた。物流センターは、クロスドッキングシステムやバックホールシステムを採用し、コスト効率の追求を行い、出店はまず物流センターをつくって補給経路の確保をしてから店舗展開を実施した。

新しいテクノロジーの採用は、一九八〇年小売業で世界初の統一コード読み取り装置ＰＯＳを構築し、世界最大のデータベース（毎分八四〇万アイテムの情報処理能力）を備え、顧客データの管理をしている。有名な「コーンフレークを買う人はバナナも同時に買う」という分析で売り場配置をダイナミックに変え、好評を博している。各店の温度管理はベイトンビルで一括管理をしている。衛星通信システムにより店舗、本部、配送センターから、主要な取引先、工場には指示命令が直接流れるようになっている。さらに、店内監視システムは店内を歩いている人にメッセージを伝えるだけではなく、人が買い物をしている購買動向を映像で集約している。

サム・ウォルトンは従業員をアソシエイツと呼び共同作業者として処遇し、徹底した顧客志向で、コスト削減と「ロープライス・エブリデー」の実現を図った。

ベッツ・サンダースは著書『サービスが伝説になる』のなかで、ウォルマートの株主総会でのサム・ウォルトンの人柄をつづっている。

「どの店舗でも一、二名の社員を選んで、持ち株会社の代表として、ベントンビルの株主総会に出席させていました。数時間、彼が四〇〇〇人の従業員やゲスト一人一人に暖かく接しているのを見ました。彼が七〇歳代であることも、ステージの上で五時間も立ちっぱなしだったことも、一〇年前に診断された癌が彼を蝕んでいることも、彼の様子からはまったく感じられませんでした。彼は一人一人のネームプレートを注意深く見ながら、彼らを名前で呼び、内輪話をしたり、サインをしたり、一緒に写真を撮っていました」

ウォルマートは、そのテクノロジーやディスカウントでの大量出店の面が大きく取り上げられるが、実は店舗のオペレーションを担っているスタッフ（ウォルマートではアソシエイツと呼ぶ）に対する気くばりや待遇改善があるからこそ、巨大な流通企業がダイナミックな発展をとげているのである。

その上でイノベーション（例えば来店客が自ら買物代金を精算するセルフチェックアウト・システムの導入や全取引先との受発注業務全部をインターネットに移行）等、流通小売の最先端を進んでいる。

4　イトーヨーカ堂とセブンイレブン

イトーヨーカ堂（伊藤雅俊社長〈当時〉）

「（略）私は、『店舗が大きくなりましたね』と言われるよりも『社員が良くなりましたね』と言われることに価値観を持っています。非常に嬉しいし、やる気が起きてきます。自然の木も秋になれば葉が枯れて全部落ちてしまいますが、春になるとまた新緑の葉をいっせいにつけて、青々とおい繁ります。人間の中にもそういう力強い生命力というものがあるはずです。そういった、力強さをみなさんも仕事の中で出していってほしいです」

一九七六年　仕事を考える五三の話

千代田区三番町に本社があった当時、伊藤社長は七階の社長室からお帰りのときは必ず、一階一階ずつ階段で下りられ、各フロアで仕事をしているスッタフ全員に声をかけて行く姿があった。経営トップとしての姿勢を見習わなければならない。

セブンイレブン（鈴木敏文社長〈当時〉）

未だ国内に一店もなく、コンピューター自体それほど普及していない時代にプロジェクト会議において、「これからセブンイレブンは三〇〇〇店を展開していく。現状の業務だけにとらわれず、世界的な規模で仕事に当たれ」と指示。受注処理は全国から集まったデータを米国のサウスランド本社にインテルサットを使い送信し、加工されたデータを日本に戻し各問屋やメーカーに送って商品調達をする予定であった。

中間の採用時は、採用担当者の後ろに人事責任者が座っており、採用者が正しい採用を行っているかの確認と採用の教育訓練を兼ねており、スタッフにおいても徹底的な現場、現実訓練を繰り返した。

二〇〇三年一月九日、鈴木会長は、日本経済新聞の「経済教室」において、次のような消費低迷の要因を述べている。

「業績不振は、景気低迷のせいにされることが多い。「景気が悪いから物が売れない」という理屈だ。一見、もっともらしいが、データを検討すると常識とされるこれらの説には疑問が生じる。

もっと本質的な変化が起きていることに気づく。商品のライフサイクルがどんどん短くなっているのである。

本当に不況が原因で消費が低迷しているなら、消費者は価格の変化だけに反応するはずである……」

そして、消費低迷の最大の要因は不況による購買力の低下ではなく、需要の飽和だと指摘している。

「モノ余り時代に入ったことで、消費者の心理を変えなければいけない。このため品揃えの豊富さやサービスの質の高さなどを総合した要素が業績を左右する」とも言っている。

特に、今何をするべきかと悩んでいる企業のトップからスタッフまで全員が、この記事をよく読んで自社の経営に生かしてほしい。

Ⅶ 業績低迷の本当の理由

1　顧客を忘れた社内志向（黄金の法則1へ）

「通達」という本社の指示がすべてに優先する。

商人の時代には、顧客とのコミュニケーションはダイレクトに行われていたし、顧客の要望に沿って、品揃えや仕事の改善を間髪を入れず行った。すぐに行わなかったら、顧客の信用をなくしてしまうし、売上がなくなってしまう。通達を待っていては、仕事にならなかった。

しかし、今は通達がないと行動に移せない体質になってしまい、顧客より通達が優先している観が強い。

「当社に限って」の危機意識の希薄さが不祥事を引き起こす。危機意識の希薄さにより、「ゆで蛙注」現象がはびこり、さらに、顧客との距離が少しずつ離れていき、顧客の声が聞こえない場所（たとえば本社）にいることにより、ますますひどくなっている。特に現場と離れている幹部に、この兆候が強く出てきている。店舗の存立の意義は、できる限り顧客のそばに近づくことで買い物の便利性を追求し、顧客の真の声を聴く姿勢を持つことである。

多店舗化や売上規模の拡大により、大企業病が発生して、一層の「ゆで蛙」現象を促すようなことは、防がなければならない。

注　「ゆで蛙」現象とは、鍋に蛙と水を入れ、少しずつ温めていくと、熱湯になっても蛙は逃げず、そのうち死んでしまうことを比喩している。企業もまた同じであり、ぬるま湯にひたっていると、革新性がなくなり保守的になってしまい、企業存続の危険性をはらんでいることを意味している。

2　成功体験への埋没とマンネリ化（黄金の法則2へ）

過去の成功を基準に意思決定をする。今までの成功体験、特に高度経済に成長した企業および幹部は、記憶の刷り込みが強く、俺の言うことには間違いがない、との信念が強く、変化の激しい現状では、大変危険な意思決定をする可能性を秘めている。

新入社員時に一読した厚さ三〇センチもあるマニュアル注で動いている。三〇センチのマニュアルは、入社時に強制的に読まされる以外、誰も二度と開かない。また、顧客の変化により、継続的な改定が頻繁に行われなければならないが、メンテナンスができるような体制や予算制度が確立されていない。

注　通常のマニュアルは教育研修用として作成されており、座学での教育が主である。しかし、マクドナルドのマニュアルはそれほど厚くなく、実際の仕事をやりながら自分の身につけていく教育訓練が主である。内容を理解したことと実際の仕事の中で「できる」ことは、大きな違いがある。できる限り、オペレーションでのマニュアルは、教育訓練が徹底できるものに作り変えてほしい。

3　物真似主義がはびこっている（黄金の法則3へ）

自信のなさが他社の物真似に走らせ、理念や方針をあいまいにする。理念や方針は、経営トップがコントロールすべき事項であるが、日本企業では、いろいろな不祥事が起こると、たいていは、経営トップがコントロールすべき事項を一担当者が平然と覆してしまっているケースが多々見られる。

多くの企業では看板をはずすと、どこの企業か判らなくなる。特に、GMSと言われる総合スーパーは、お互いに、明確な差別化がなく、同じような品揃えとサービスが提供され、規模の大きさと設備の豪華さに比重を置きすぎている。

これからは、コンセプトが明確になっていない店舗や企業は、他の競合との差異や優位性が出にくくなり、顧客の厳しい選別の目で市場から退出せざるを得ない状況になりやすい。顧客自らが、個性的になりつつあるとき、私達自身も物真似主義をやめ、個性的になろう。

4　場当たり的な競合対策（黄金の法則3へ）

顧客のニーズより、規模や店舗数、品揃えの豊富さに酔いしれる。イオン・グループの目標売上は世界の小売業に勝つために必要な七兆円に設定されていると言われるが、規模の大きさだけで企業の体質が強固であるとは判断はできない。

ダイエーしかり、M社しかり、である。規模の拡大は、企業内にひずみを生み、内部崩壊が起こる可能性を生み出してしまう。価格競争オンリーになり、新しいサービスの提案ができない。安さの追求に終始すると顧客満足の手法が価格のみになり、他のサービスの展開がおろそかになり、他店と同質化競争に陥ってしまう。

これからの小売業は、戦略の確立と、その戦略を確実にする為の完璧なオペレーションの実行が必要である。

経営手法の〝Plam-Do-See-Action〟の循環サイクルが、マネージメントの継続的改善をしていくための古くて新しい手法となる。

5　売上至上主義（黄金の法則4へ）

「売上がすべてを癒す」が判断材料になっている。売上は、経営活動をするに当たっての柱になっているが、単に、売上を上げれば、コンプライアンス（法令順守）や社会道徳は後回しになり、不祥事が起こる原因にもなってしまう。

さらに、従業員ロイヤルティも忘れ、従業員をただ働く機械のように管理していては、それこそ、持続的成長を望むことはできない「二十日ねずみ現象」を引き起こしている。しっかりしたデータベース志向がないため、いつも同じことの指示命令や同じことの実施で満足をしてしまい、二十日ねずみが何時も同じところを回っているように、無目的で、生産性にも無関心になり、ただ仕事を開始する現象と似てくる。特に、この現象は、売上至上主義下で売上がデフレで簡単に伸びないときに諦めが出て起こりやすい。現場で働いているスタッフはこのことをよく理解できると思う。どこかで、断ち切らなければ、本物の顧客満足を提供することはむずかしい。

6 身内主義（黄金の法則5へ）

創業が浅い業界のため、創業者の力が強く企業体質は閉鎖的である。○○一族とか、社長派など創業者あるいはその身内が経営にタッチしているときは、創業者の意見が絶大であり、創業一族や大番頭が脇を固めているので、自由な意見が通りにくい。

問題点を上層部に上げる風土が確立していない。問題点や顧客の大クレームは現場からトップに伝わりにくくなっており、途中段階で捻じ曲げられることが大いにして起こりやすい。不祥事が起こると、必ずと言っていいほど、トップは何も聞いていなかった、と釈明する。

公平な人事評価システムの導入や適切な配置転換、組織活性化のための従業員の経営経営参加制度づくりなど、風通しのよい組織文化や風土づくりを積極的に実行したい。

Ⅷ

業績低迷から脱出する処方箋

1　全社顧客優先、現場第一主義へ移行する（黄金の法則6へ）

全社一丸で顧客志向に取組んでいく

顧客満足を専任で担当する部署のみがトップと相談して顧客満足についてすべて考えている組織は、顧客志向とは相反している。顧客との接点である現場のスタッフが中心となり顧客の要望に対し「仮説」「実験」「検証」して、より良いものを作り上げていくことが大切である。さらに、改善提案されたアイデアは、他店にも「水平展開」で広げて改善のスピードを速めるべきである。

提案されたアイデアは会社の財産としてデータベース化し、ナレッジ・マネジメントを構築するベースにする。

同時多発テロ後のコンピュータメーカーのデルは被害にあった企業にアプローチをし、その企業の要望に沿った機材を即座に手配・供給した、と言われている。

末端のオペレーターまで顧客志向になっていることが、企業の体質強化に欠かせないという教訓である。

なぜ、会社顧客優先が必要なのか、それは企業の変化よりも顧客の変化のスピードのほうが速いからである。

マッキンゼー&カンパニーは、『ブランド価値創造のマーケティング（ダイヤモンド社）の中で、「消費材マーケティングにおける三つの潮流」を次のように述べている。

①バブル崩壊以降、消費者は政府・経済・行政・メディア・大企業等「権威」に対して信用していない。
②高品質か低価格の二者択一ではなく、価値訴求を第一義的に求めている。
③一方的な情報誌、新聞、ＴＶ宣伝等での洗脳ではなく、インターネットや各種の情報機器の発達で情報が選択しやすくなった。

このような流れがあるため、会社をあげての顧客優先および現場第一主義への迅速な移行が必要である。

2　顧客ニーズへの適切で継続的な取り組みをする（黄金の法則7へ）

顧客を大切に、店舗に気を使う、接客態度によい従業員を配置する

小売業はどんなに規模が大きくなっても商人の本質を忘れてはならない。そのためには、人の採用（パート、アルバイトまで）には十分、時間と金を投資すべきである。たかだか五～一〇分の面接だけで人を採用し、店舗運営の基本も教えず、すぐに現場に出してしまうのは、顧客の信頼を裏切ることになり、いくらチラシをまいて集客をしても、不満なお客をつくるだけである。将来の不振の種をまいているのである。数年後、その企業の将来を映し出している。

単に人がいない、人が集まらない、と言うだけで安直に採用をしては、継続的な成長を望むことはできない。

採用には、厳しい選別と教育訓練が必要である。今、「はやり」だからと言ってピアスの装着を許すのは、食品を扱っているものとしては見当違いである。異物混入の

危険を販売者としてどのように考えているのであろうか。しかし、厳しさだけでは良い人間環境をつくり上げるのは困難である。基本は、従業員を大切に扱うことが大切である。

ディズニーランドでは、ゲストに心から楽しんでもらうには「周到な準備」と「厳しい訓練」、そして「たゆまぬ努力」が必要であると言っている。

「ディズニー・ユニバーシティ」の教育プログラムは、ウォルトの言葉「人は誰でも世界中で最も素晴らしい場所を夢み、創造し、デザインし、建設することができる。しかし、その夢を現実のものとするのは人である」を理解させることに尽きるという趣旨に基づいて採用と人材教育に力を入れている。

①伝統セミナー
②個人レッスン　三二四日間
③専門トレーニング　二週間
④最後に四二六時間のテスト

私達の小売業は、いかほどの教育を行っているのだろうか？

3　事業ドメインを再構築する（黄金の法則8へ）

誰が顧客か、何を提供するのか、独自性の能力は持っているのか

来店されるお客がすべて自社の顧客か再考する必要がある。なぜなら、今までの戦略やプロモーションが正しく行われていれば良いが、チラシでの超目玉（たとえば、砂糖一キロ五〇円、醤油一・八リットル九八円など）で集客した顧客は店の収益に貢献しているのかをしっかり分析する必要がある。

安物だけを買って帰る顧客づくりをしていると、店舗や従業員が安直な仕事しかしなくなる。その結果、粗雑な対応や無責任な仕事をするようになる。自社に貢献していただける顧客に対しては、何をサービスしているのか、よく考えてみてほしい。利益貢献をしてくれている顧客には、相当のサービスの提供があってしかるべきと思うが、顧客の貢献ほどサービスを提供しているとは思えない店では上得意をしっかりつかんでおかないと、潮が引くように顧客がはなれてしまい、売上が落ち込んでくる。

図５

SWOT分析

外部環境	O：機会	T：脅威
内部環境	S：強み	W：弱み

企業ドメイン（事業領域）の構築

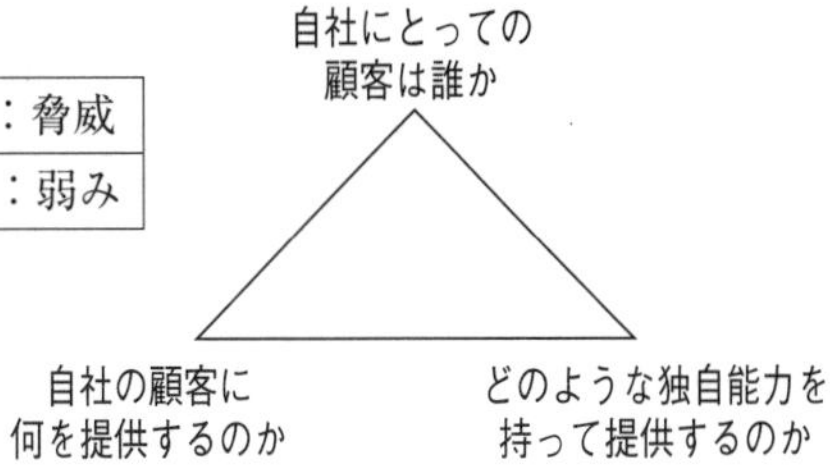
自社にとっての
顧客は誰か
自社の顧客に
何を提供するのか
どのような独自能力を
持って提供するのか

そうなると、またチラシをまいて集客をしようとするが、さらに、利益貢献度の低い顧客を増やすという悪循環に陥ってしまう。

そのために、誰が店の顧客なのか、を再考すべきである。その次に、その顧客に何を店では、提供すべきかを明確にすること。

すべての人に、すべてを提供することは、競争の激しい環境では、不可能である。

最後に、自店の強いところを、さらに強くして、業界内でナンバー1になるようにする。明確な差別化をつくり出す、自社のビジネスモデルを構築することが重要である。

それには図5のように、環境分析がまず必要である。環境分析には、SWOT分析が優れている。ぜひ、自社に置き換えて分析してほしい。

次に、自社の企業ドメイン[注]の構築が大切である。企業ドメインを明確にすると、トップも従業員も目標が一致してブレが少なくなる効果が出る。

注　「ドメイン」とは、企業が行う事業活動の領域、すなわち事業領域のことである。たとえば、鉄道会社が自社のドメインを「鉄道事業」と決めれば、事業領域は限定され、鉄道の衰退とともに、企業も衰退していく。レビットは、こうした傾向をマーケティング・マイオピア（マーケティングの近視眼）と名付けた。「輸送事業」とすれば、事業領域は拡大する。

（企業経営学院「企業経営理論」より）

図６　プロセス・アーチ

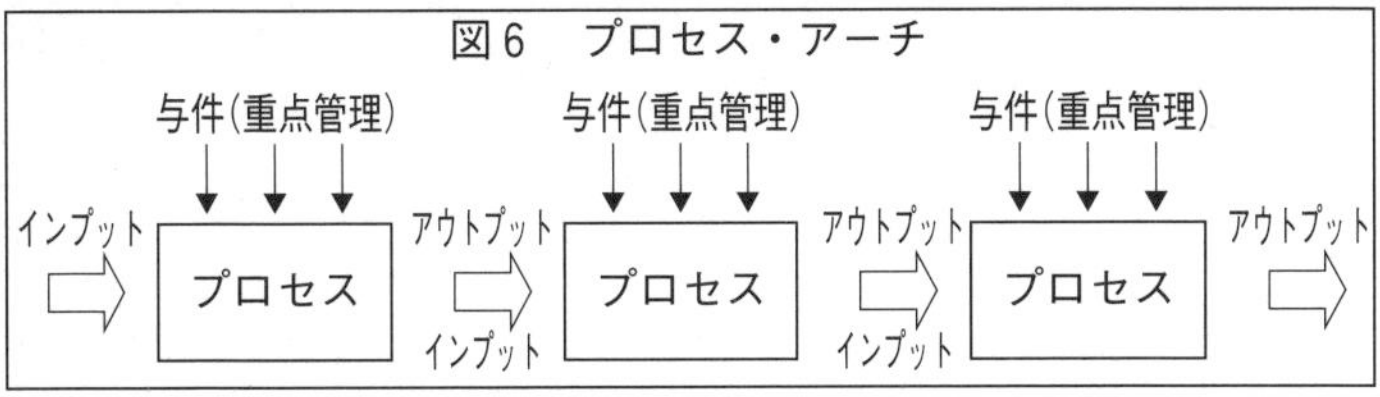

一つのプロセスは、インプットとアウトプットからなり、与件によりアウトプットが変化してくる。アウトプットは、次のプロセスのインプットとなり、与件によりアウトプットが変わる。
各個別のプロセスが、統合して一つのプロセスを形成している。

4　経営のバランスをしっかり保つことが重要である（黄金の法則１へ）

部分最適化から全体最適化へ、舵とりを大きく変える

今までは、売上一辺倒や利益主義など、ある一部分だけに結果がよければよかったり、ある事業部だけがよければよかった時代から、全社にとって最適であるかが、重要な点になってきている。顧客対応、企業風土・文化、危機意識、マーチャンダイジング出店戦略、組織開発・教育、キャッシュフロー経営、情報ネットワークなど、経営のバランスを保ち、全体最適化を進行することが重要である。そのためには、話すのは幹部だけで、そ

の他の者は、ただ出席している会議のようなコミュニケーションでは役に立たない。トップと従業員との迅速かつ双方向性のコミュニケーション手段を早急に確立すべきである。特に、問題点は、重点管理体制に含めることが大切である。

図6のプロセス・アプローチを参考にして、自社の取り組みに活用してほしい。

5　社外、社内へのディスクロージャーをしっかり行う（黄金の法則5へ）

積極的に財務内容や重要な案件は公表し、理解をしてもらう

規模の大小にかかわらず、ディスクロージャー（情報公開）は、今後の企業経営にとって重要なキーファクターになる。中小企業といえど、今後の資金手当てにおいて、銀行からの借り入れのみの一辺倒では、資金調達は困難になるであろう。株式の上場をしない企業といえど、ファンドの手当てや社債の発行、増資など、銀行融資以外に多様な資金手当てをする必要が出てくる。また、顧客の重大なクレームの公表を遅らせることにより企業そのものの存在が危ぶまれてくる。さらに、不祥事は、社内からの告発で発覚する場合が多い。これは、コンプライアンス（法令順守）においても適正な行動である。

しかし、大きな問題でなくとも、良く理解をしてもらうために、社内に対しても積

極的なディスクロージャーを行う必要がある。

企業は、経営幹部だけで成り立っているのではなく、従業員と二人三脚で運営しているのである。そのうえ、従業員、特にパートは地域住民であり、主婦の顔を持っており、お客様である。どしどしデスクロージャーをしていこう。

二〇〇二年一一月にインターネット調査会社のマイボイスコムが、ウェッブ上で実施した「大手スーパーのイメージ」の調査結果を見ると、

一位　ジャスコ（三二％←二〇〇〇年　一九・九％　第三位）

二位　イトーヨーカ堂（二八・五％←二〇〇〇年　二三・二％　第二位）

三位　ダイエー（一二・三％）

ジャスコは、「品揃え、価格」で各一位、イトーヨーカ堂は「信頼性」で一位。「信頼性」の年代別では、ジャスコが各年代別で二五％前後あるが、イトーヨーカ堂は一〇代が二〇・四％と最も低く、最も高い五〇代以上で三四・四％となる。

このように、企業の経営方針が、顧客に適切に判りやすくコミュニケーションされているかが、店舗イメージに直結してきている。

IX 「重要接点」への時間と資源の重点投入

「顧客との接点」や「従業員との接点」「商品との接点」への時間と資源の投入は、最優先に行わなければならない。

ここでは、ポイントだけ確認しておこう。チェックリストで、どこまでできているか調べてみてほしい。さらに、小売業が不得意な「金融との接点」についても言及しておこう。

1 顧客との接点

(1) 誰が自店の優良顧客か理解しているか

顧客として、一括でくくるのではなく、個人別に自店の顧客の購買行動が判っていることが重要であり、特にそのなかでも、自店への貢献が大きい顧客が誰かを明確に把握すること。

RFM分析とは、

①コストのかかる新規客の開拓から、それほどコストがかからない既存客の重視へ。
②顧客は神様であるという考えの前提である、顧客はすべて平等であるとの意識から自店の優良顧客の選別と優遇策を提供する。
③顧客の属性からではなく、顧客の購買行動でランクをつける。
であり、
RFMとは、
R（リーセンシー）…最近自店で購入しているか。
F（フリクエンシー）…多頻度に、自店から購入しているか。
M（マネタリー）…多額の購入を、自店でしているか。
の三つで顧客を分析することである。
この分析のなかで、特に重要な項目は、今までの日本人では考えられない、「顧客はすべて平等ではない」ということである。自店にとっての優良顧客を明確にすることが、RFMを実行するときのキーである。

(2) ホスピタリティの対応をしているか

ホスピタリティとは、顧客との相互信頼関係の上に成り立っており、単なるサービスの提供ではない。

サービスは、主人に、従者が代金に見合ったものを提供することを前提としているが、ホスピタリティでは、ゲストとホストの関係であり、ある意味では対等の関係である顧客に対しても、現金をいただくためのサービスという営利的な側面だけでなく、ホストとゲストの関係相互性を尊重する奉仕の精神を忘れてはならない。ディズニーランドの接客はまさしく、ホスピタリティの実践である。いかに、顧客の声を先取りして、顧客の困っている問題に俊敏に対応していくか、問題改善能力の育成に努めるべきである。

いま成功している企業はどこも、顧客の問題点を解決（ソリューション）しているところである。

しかし、問題を解決するには、問題点が何であるかが明確に判っていることが前提である。

そのためには、顧客の声を聴かなければ、問題を見つけることができない。

顧客の声を素直に聴こう！

(3) 地域密着で地域住民の方を良く理解しているか

チェーンストアーに従事している者が間違いやすいことが、売上金額でその店舗を評価してしまうことである。いかに、店舗数が多くても、一人の顧客は、毎日の買い物に何軒もはしごをしながら買い物をすることはない。

ましてや、東京の人が北海道の店舗で買い物をすることは、北海道旅行や出張でもない限りあり得ない。

ほとんどの人が近くの小売店で買い物をしているのである。それなのに、店長の異動が頻繁であっては住民の消費行動や生活習慣など、ほとんど何も判らずに日々の営業をしていることになってしまう。一店の規模ばかり大きくても、そこの住民の実情が判らなくては、きめ細かなサービスはできない。

図7　簡便法による自店の市場シェアの算出法

$$\frac{\text{自店商圏内の購買世帯数} \times 1\,\text{世帯当たり購買金額}}{\text{商圏の世帯数} \times 1\,\text{世帯当たり消費金額}} \times 100\% = \text{商圏シェア}(\%)$$

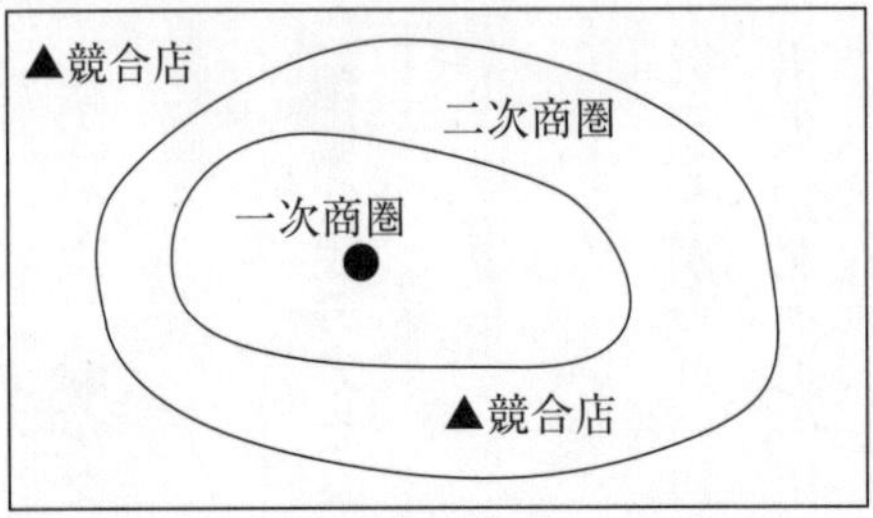

顧客アンケートに基づき、地図に一次商圏、二次商圏を描く。次に、町丁名別資料により、商圏の世帯数を割り出す。
さらに、家計調査資料により商圏の消費金額を算出し、自店の売上との対比でその商圏のシェアを出す。
この作業を年間単位で、3年分から5年分行う。これを行うとトレンドが明確に出てくる。
競合店も地図にプロットする。

地元の事情、地域性を十分理解することが大切であり、主婦のパートの意見も取り入れるべきである。

顧客の顔と名前と住所が判る店長が何人いますか？

単なるサラリーマン店長になっていませんか？

(4) 市場では独占的なシェアを占めているか

店舗の評価はその商圏の市場シェアがいくら取っているかが重要な判断材料になる。商圏のなかのシェアがいくらになっているかを把握しているか？　最低でも、食品スーパーでは三五％以上はほしい。

価格の打ち出しだけでは、高シェアを確保することはできない。鮮度、品質、5S（整理、整頓、清潔、清掃、躾）、接客など全面的に見直しが必要である。競合店に負けたから売れなくなった、との外部批判ばかりしていないで、内部充実に力を注ぐことが必要である。

(5) 環境への配慮をしっかりしているか

店舗開発は、大店法から大店立地法に変わり、競争制限から町づくりへの視点に重点が移っている。

この法律での対応策として、近隣周辺の環境への配慮が需要になってきた。駐車場の基準設置や騒音対策はもちろんであるが、一般的な環境配慮にも気を配る必要がある。
消費者の環境への関心項目を調べてみると（一九九二年）

①省エネ　八二％
②地球温暖化　二四％
③ゴミ問題　二二％
④食品の安全　一五％

であり、出店者も消費者と同様に、環境への配慮をした施策をとるべきである。

店舗周辺のゴミ掃除、空き缶・空き瓶回収、バザーの手伝い、寄付、会合への出席など、まだまだやることが多い。

(6) 顧客へのサービスに力を入れているか

八〇年代のスカンジナビア航空のヤン・カールソン社長は、『真実の瞬間』の中で、「乗客はトイレが汚れているのが判った瞬間、自分が乗っている飛行機にも同じ程度の注意しか払わないのではないか」と考える。

サービスは価格を安くしたり、物をプレゼントしたりするばかりではなく、心よりのサービスが必要である。

たとえば、返品自由制度を明確に打ち出すことや、顧客の要望する商品を手配すること、しっかりした品質、鮮度の商品を提供することもサービスの一環である。

食品で言えば、安心・安全・美味しさ・栄養価の提供が何より大切である。その上で、センスのある商品づくりやボリューム感、バラエティー性が要求され、さらに、エキサイティングな提供方法が顧客のニーズを満たすものである。

顧客には、単なる食事のための素材の提供の面ではなく、食生活の向上のための食のトータル提案をしたい。

(7) 顧客を無視する態度をとっていないか

『サービスが伝説になる時』（ベッツィ・サンダース　ダイヤモンド社）によれば、顧客が嫌な気分になるときは次のようなことだと述べているが、どれも当たり前なことであり、しかし、意外にできていないことばかりである。

・在庫切れや欲しい商品が見当たらない。
・必要なときに助けてもらえない。
・従業員のトレーニングができていない。
・情報不足、支離滅裂な対応をされる。
・官僚的な対応をされる。
・レジや電話で待たされる。
・価格が明示されていない。
・誤解を招くような広告
・価格に見合うような価値が提供されていない。
・期待を裏切るクオリティ
・不潔、無秩序、危険な店内
・立地、商品レイアウト、駐車場、交通が不便。

また、顧客がその店から逃げるのは、

・六八％　従業員の無関心な態度
・一四％　商品への不満
・九％　　ライバル企業からの誘引
であり、従業員の無関心な態度は特に注意が必要であると言っている。

無意識に顧客のそばを声をかけずに通り過ぎたり、従業員同士が集まっておしゃべりしている態度は、顧客の立場からすると顧客を無視していると思わせてしまう。顧客主導を忘れないように！

経営トップは、現場を良く見て、顧客との接点が、利益の大小に影響していることを肌身で感じてほしい。

(8)　クレームに適切に対応しているか

クレームは顧客の真の声であり、クレームを改善することにより継続的改善ができ、企業の成長の礎《いしずえ》になるしかるべき責任者が誠意をもって敏速に対処することが大切である。クレームの顧客は、より大切な顧客との認識を持ち、全社を挙げて取り組むべきである。

たとえば食品業界では、クレーム改善は、まず5S（整理、整頓、清潔、清掃、躾）ができていることが重要である。

難しく、複雑なことをしても、基本である5Sができていなければ、全ては砂上の楼閣となる。

雪印乳業の食中毒事件では事件の第一報に対して、迅速に、かつ適切な処置をしなかったことが、大惨事に発展してしまった。

また、クレームに対しては、適切な処置を行う企業風土や意識レベルによっても、大きく対応が異なってくる。

雪印乳業の食中毒事件は、今回が初めてではない。過去にも同じ不祥事が起き、教訓として長らく生かしてきた。

それは一九五五年三月、八雲工場製造の脱脂粉乳が原因で食中毒事件が発生し、会社の存続を危機的状況にしたことである。

過去の教訓も時間と共に風化してしまい、役に立たなくなってしまう。

こんなことぐらいはとか、過去にあったがたいしたことがなった、など軽く考えて対応を遅らせないこととまた、クレームはデータベース化して、教訓として将来のリスク・マネジメントに十分生かすことが大切である。

ベッシイ・サンダースの「苦情の実態」によると、

・不満を持つ顧客のうち苦情を言うのは、四％にすぎない。

・苦情二件について、同じ不満の人は平均二六人いる。

・不満のある人は、それを平均九～一〇人に話す。そのうちの一三％の人は、二〇人以上に話す。

・苦情を言った人の五六～七〇％の人は、苦情が解決された場合、その企業と再び取引をする。

企業として、しっかりとしたクレーム管理体制を作り上げたい。

⑼ 顧客の声をしっかり聴いているか

店舗（現場）の重要性は、顧客の声を聴き、問題や要望に対し対応することができるからである。顧客の声を聴かず何もしなければ、店舗（現場）の意義はない。

東京のスーパー「成城石井」は顧客の要望する商品はすぐさま取り寄せて顧客に提供したおかげで、今日の「成城石井」があると、石井社長から教えを受けたことがある。

大手のチェーンストアはシステム上で現場が商品を調達することができないとか、担当部署が商品調達を専門に行っているとかで、顧客の要望商品を調達できる仕組みになっていない。

顧客あっての商売ということを肝に銘じておいてほしい。

ヴィンス・ステートンの「食品の研究」（晶文社）によると、スーパーマーケットの消費者のうち四分の一は、利用する店舗を毎年変えているという。

〈消費者がスーパーマーケットに求める条件〉

①清潔さ

②値札の正しさ

③正確で感じのいいレジ

④低価格

⑤商品の日付が新しい。
⑥上質の肉を売っている。
⑦交通の便利な場所にある。
価格だけにとらわれると本質を見誤ってしまう。

⑽ 顧客との距離（ギャップ）を縮める努力をしているか

店舗が一店舗増えてくると、顧客との距離はその店舗数の二乗分離れてしまうと思われる。規模の拡大が商品原価の引き下げや知名度の拡充面から、また、グローバル時代での生き残りの手段であることは一面から見ると正しいが、反面、顧客との距離が大きく隔たりとなり、顧客の声が届かなくなる危険性が秘められている。できる限り顧客との距離を縮めることが、今後の流通、小売業の生き残り上、必要である。

特に本部の幹部とスタッフは、店舗から離れているため、顧客の声や顧客の声を代弁している現場の従業員の声を無視する態度に出て、現場のやる気をなくすることがないように注意をすべきである。

顧客との距離を縮めることと同様に、従業員との距離を縮めることが肝要だ。

⑾ 顧客へのレスポンスをいかに早めているか

顧客との距離がみじかくなっても、顧客の声に対してレスポンスが遅ければその効果も半減してしまう。今は、スピードの時代である。しかし、何でも早ければ良いわけではないが、顧客対応面については、スピードが重視される。顧客は、自分の意見がどのように企業に反映したか早く知りたい。自分の存在が企業に認められているかが気になるのである。早めの対応は、顧客ロイヤルティを育成する強力なツールになる。

レスポンスを早めるには、顧客と接客したスタッフから店長へ、さらに本社の関係部署へのコミュニケーションがスムーズに伝わり、問題解決が早期になされ、顧客に返事が早くもどることが必要である。

接客したスタッフだけでなく全社的対応がされているか、再チェックすべきである。

図8

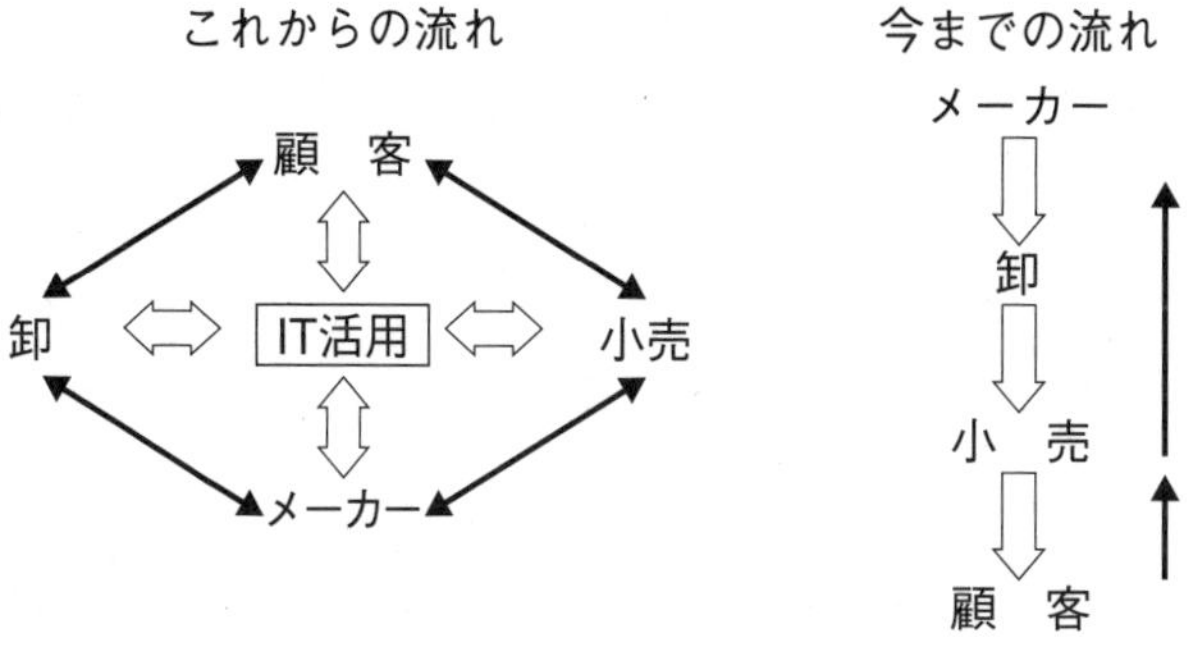

(12) 顧客との双方向コミュニケーションをとっているか

今までの情報の流れは、メーカーから流通へ、そして、顧客へと流れていたが、これからは顧客が情報の主導権を持って消費をリードしていく(図8)。従来の情報は一方通行であり、顧客の声があっても断片的にしか対応していない。

顧客と小売は互いに双方向のコミュニケーション手段をとり、お互いが良く判ることが必要である。そのためには、ＩＴの活用や、逆にパーソナルな面でも大いにコミュニケーションをとるべきである。

流行に流されず、やるべきことがしっかりやり遂げられているかが、まず重要である。その上で、自社にとっての独自性を構築するためのノウハウを導入してほしい。

その他の「チェックリスト」を確認してみてほしい！

⒀ 顧客との接点に投資を十分にしているか
⒁ 一過性ではなく、生涯顧客との方針が明確になっているか
⒂ 個客単位で、販売動向を把握しているか
⒃ オピニオンリーダーが誰か判っているか
⒄ クリーンリネス、躾、身だしなみは適切であるか
⒅ 少量パック商品が店全体で訴求しているか
⒆ 顧客の問題解決のための販売方法を提案しているか
⒇ 安心・安全に徹底的な対策がとられているか
(21) ていねいに売り場まで顧客を案内しているか
(22) レジが混んできたら迅速に対応しているか

(23) マーケティング組織（顧客の志向）になっているか

(24) ホームページは顧客からの質問に答えているか

(25) レジでは顧客を名前で呼んでいるか

2　従業員との接点

次に従業員との接点についてのチェックリストを考えよう。

従業員は仕事を共同で行っていくパートナーとの認識があるか、従業員は自分の部下であるとの認識であるか、幹部の考え方一つで、経営方針が大きく違ってくるのである。特に、従業員への接し方や従業員教育に秀でた企業が、どんな状況でも成長しているのである。

サム・ウォルトンは、

「私は、彼らが消えた理由と、私たちが生き残っている理由を考え始めた。それは顧客を大切にせず、店に気を配らず、接客態度の良い店員を配置しなかったということに尽きるのだが、結局、彼らが本当に自らのスタッフを大切にしようとさえしなかったためである。

お客を大切にするように店員に望むなら、店員も大切にしなければならない。それが、ウォルマートの成功のもっとも重要な唯一の要因である」と、自叙伝（『ロープライス・エブリディー』同文書院インターナショナル）で述べている。

経済不況のせいばかり言っている日本の流通・小売業の経営者は、サム・ウォルトンを超えられるのか？

もう一度、真剣にチェックリストで、検証してみてほしい。

(1) 企業理念、方針は全員に徹底されているか
(2) 企業風土はダイナミックに変えることができるか
(3) 風通しの良い、ガラス張り経営になっているか
(4) 5Sは理解のうえ、実践されているか
(5) 顧客主導の考えが全員に浸透しているか
(6) ホスピテリティ教育がなされているか
(7) 従業員は第三の顧客との認識があるか
(8) 従業員のやる気を十分に引き出しているか

(9) 顧客との接点に十分時間が割かれるようにスケジュールが決められているか
(10) ムリ、ムラ、ムダを排除しているか
(11) 幹部は日々の仕事の中で、部下をしっかりと教育できているか
(12) 従業員とのコミュニケーションは、双方向性があり、個人別になっているか
(13) 階層別、職種別で体系的な教育がなされているか
(14) スペシャリストの育成がされているか
(15) ナレッジ・マネジメントは従業員全員の理解が得られているか
(16) 継続的改善が従業員の日々の仕事になっているか
(17) 顧客と従業員の提案制度が確立されているか
(18) 採用は厳格になされているか
(19) アルバイト、パートの採用後の教育訓練はしっかりされているか
(20) 危機管理体制は構築されているか
(21) 会議では、積極的に発言しているか
(22) 担当部門の商品知識は向上しているか

(23) 指示事項をできるだけビジュアル化しているか

(24) 成果主義が十分取り入れられているか

(25) モラル・サーベイが定期的になされているか

3　商品との接点

MD政策（MDとはマーチャンダイジングの略。仕入先・価格・在庫などを総合的に検討する）

PB（プライベート・ブランド）商品の構成比は、いくらになっていますか。

一％、五％、一〇％、一五％、二〇％

自社のPBはどこでつくられていますか。

PBは売れない、と嘆きながら、PBをつくっているバイヤーはいませんか。

自社のPBを買う従業員は、どのくらいいますか。

自社の商品に愛着もなく商品をつくり、商品を販売していませんか。

自社のPBを食べたことがありますか。

ヨーロッパのスーパーのPBに対する取り組み方を見てみよう。『パワーブランドの本質』（片平秀貴・ダイヤモンド社）によると、

○マークス&スペンサーのサプライヤーへのアプローチ

「まず、本社と工場を訪問してトイレを見せてもらう。そして、従業員がどこで、どのように食事をしているかを見せてもらう。給料はいくらで、みんなどこに住んで、どうやって通ってくるか、といったことまで仔細に尋ねる。このような基準に照らしてメーカーとの最初の商品開発までは六ヶ月から九ヶ月かかる」

○セインズベリーのＰＢの商品開発

「ＰＢの開発は、これまでの商品だけでは、顧客ニーズに応えられないと判断された時に行う。開発商品はナショナル・ブランド（ＮＢ）に対して、価格、品質などの優勢な特徴を持っているかが重要である。商品開発を行なうことに際しては、消費者の環境への理解のため、株主や専門家だけでなく、主婦にも好評である『環境報告書』を発行して、より良く関係部署に認知してもらう」

セインズベリーのＰＢの比率は、五四％である。嘆く前に、国民の生活改善への意義を良く理解して、積極的に取り組んでほしい。

では、再びチェックリストで、確認していただきたい。

(1) クレームのデータベースは構築しているか
(2) 現場に出て、顧客や従業員の意見を吸い上げているか
(3) 自店と他店の4Pと立地、マーチャンダイジング、店舗運営など比較検討しているか
(4) 業界の評価ではなく、顧客の評判の良い店舗をマーケットリサーチしているか
(5) マーチャンダイジング戦略は確立しているか
(6) 売上に貢献しない在庫がセンターやバックルーム、売り場に放置されていないか
(7) 単品管理が売り場のビジュアル化と連動しているか
(8) お取引先との取り組みが真剣になされているか
(9) 自社の弱い部分はアウトソーシングやファブレス化に切り替えているか
(10) グローバル化への対応したインターネット調達を取り入れているか
(11) お取引先との契約は、締結しているか（基本契約）
(12) PB開発のレシピは、正しく保管されているか

(13) バイヤーは定期的に仕入先を訪問しているか
(14) 仕入基準は明確になっているか
(15) 受発注は、システム化されているか
(16) ＡＩＤＭＡ（アイドマ）の法則を利用しているか
(17) 五二週の販売管理体制になっているか
(18) イベント・旬や季節商品の手当はできているか
(19) 関連販売がしっかり組み込まれているか
(20) 過剰在庫に手が打たれているか
(21) 検品がしっかり行われているか（検量／検質）
(22) 成功事例は水平展開しているか
(23) 欠品への対策が十分なされているか
(24) 夜間営業に対する商品づくりができているか
(25) 売り場の立寄率を調べて、手を打っているか

「安全・安心」対策

安全・安心については、今一番ホットな話題であり、その仕組みづくりには、ＨＡＣＣＰ＋ＩＳＯ９００１の統合認証が有効である。

では、ＨＡＣＣＰとＩＳＯ９００１とは、何かを説明しよう。

『ＩＳＯ９０００の知識』（中條武志・日本経済新聞社）と（株）グローバルテクノのセミナー「ＩＳＯ９０００審査員研修コース」、さらに『ＩＳＯ９０００１―ＨＡＣＣＰのすべて』（矢田富雄・日経ＢＰ社）などをテキストとして説明します。

ＩＳＯ（国際標準化機構）とは？

加盟国は一四〇ヶ国を超え、スイスのジュネーブに中央事務局があり、「物質およびサービスの国際交換を容易にし、知的技術的および経済的活動分野の協力を助長させるために世界的な標準化およびその関連活動の発展を図ること」を目的に、一九四七年に発足した。

当初は、ＢＳ（ブリティシュ・スタンダード）であり、イギリスが発祥の規格であったが、EUの統合により、ISOとして、グローバル・スタンダードとして世界的な規格として展開している。

ISO9001とは？ 品質マネジメントシステム（経営品質の仕組み）企業が仕事を効果的に進め、顧客に満足してもらえる製品やサービスを提供し続けるには、会社（組織）の中に、どのような活動を組み込んで実行していけば良いかを示したものである。

ISO9001 二〇〇〇版の特徴

1 プロセスアプローチの採用

相互の関連するプロセスを一つのシステムとして、明確にし、理解し、運営管理することにより組織の目標を効果的で効率良く達成することができます。

インプット
⇩
プロセス
⇩
アウトプット
インプット
⇩
プロセス
⇩
アウトプット

アウトプットは、次のインプットになり、仕事はすべて一つのつながりを持って連続になっている。部分最適化ではなく、全体最適化を志向するのである。

2 顧客重視

組織はその顧客に依存しており、そのために、現在および将来の顧客ニーズを理解し、顧客要求事項を満たし、顧客の期待を超えるように努力しなければならない。顧客満足の向上は、品質マネジメントシステムの究極的な目的である。顧客満足は、クレーム（負の部分）と賞賛（正の部分）の両面を捉えることが大切。

3 経営者の責任の明確化

リーダーは、組織の目的および方向を一致させる。リーダーは、人々が組織の目標達成に十分に参加できる内部環境を創り出し、維持しなければならない。

経営者が積極的に参加してリーダーシップを発揮しないかぎり、品質マネジメントは有効に機能しない。経営者の企業理念、方針が組織の隅々にまで行き渡り、実行されることが必要。

4　資源管理

特に、人的資源（力量、認識、教育、訓練および有効性の評価）、インフラストラクチャー（施設・設備・支援業務）および環境について徹底した管理が望まれる。そのなかでも、力量は、業務の拡大や店舗の急激な展開、技術者の高齢化、リストラなどで、低下傾向が加速している。

5　継続的改善の導入

認証を取得した時点より、少しずつでも改善がなされることが大切。認証を取ったら終わりではないのです。

内部監査制度では、組織が決めた品質マネジメントシステムの要求事項に適合しているか、品質マネジメントシステムが、効果的に実施され、維持されているか内部監査要員によるチェックがなされる。

第三者審査機関による、一年毎のサーベイランスと三年毎の更新審査により、有効性の継続的改善を監視するための有効な手段が組み込まれている。

6　文書化要求の緩和

効果的な意思決定は、データおよび情報の分析に基づいている。従来に比べ大幅に文書化が削減されたが、最低限基本となる文書化は、企業を運営するには必要であり、何らかの文書化（口頭も含む）が実際なされている。

規格で要求される手順書は、①文書管理、②記録の管理、③内部監査、④不適合製品の管理、⑤是正処置、⑥予防処置である。

自社の独自性は、コア・コンピタンスとして、文書化するべきです。

7　供給者との互恵関係の構築

組織およびその供給者は、独立しながら相互依存しており、互恵関係は互いの価値創造を高めることになる。特に重要な点は、購買管理、アウトソーシング、トレーサビリティである。

・購買管理は、バイイング
・アウトソーシングは、マーチャンダイジング
・トレーサビリティは、サプライチェーン・マネジメント

と、置き換えてほしい。安い・高い、美味しい・まずいだけでは、今後は難しい状況であって、商品開発における設計・開発機能は、供給者の協力なしには、不可能となっている。

8　規模と業種の汎用性

製品の種類、組織の規模を問わず、あらゆる品質マネジメントへの適応が可能な汎

用性を備えている。

当初は、輸出上や入札に必要なことから製造業や建設業からISOの認証取得が進められたが、ISOの管理手法が、二〇〇〇年版の大改定により役立つことが認められ、幅広い業種で規模にかかわらず、導入されている。

HACCPとは?

安全な食品を確保するための仕組み。Hazard Analysis Critical Control Point の略で、「危害分析・重要管理点方式」と呼ばれている。

最終製品の検査・試験によって食品の安全性を保証するものではなく、食品を調理したりつくったりするところで、あらかじめ予防手段を用いて安全な食品を製造する工程管理によって、食品の安全性を保証するものである。

そのためには、その食品にどのような安全上の課題があるかを、あらかじめ把握する必要がある。

厚生労働省が、食品衛生法のなかにCodexのHACCPを取り込んだ「総合衛生管理製造過程」という制度を導入し、六品目を承認の対象にした。

乳

乳製品

食肉製品

容器包装詰め加圧加熱殺菌食品

魚肉練り製品

清涼飲料水

この六品目以外の食品については、(財)日本品質保証機構がHACCPとISO9001との統合審査登録を行っている。

[HACCP+ISO9001の統合のメリット]

HACCPは食品の安全性を確保する仕組みとしては、たいへん優れているが、HACCPガイドラインにも弱点がある。HACCPに関しては、システムはできても、その維持性にやや難点がある。

それに比べISO9001は、システムの構築と実施に関して詳細な取り決めがあり、維持性が特に良い。そのため食品関連組織にとって、HACCP+ISO9001のドッキングは、理にかなっている。

【ISO22000食品用の新規格の動き】

ISO(国際標準化機構)でも、二〇〇三年一二月ごろ、HACCP+ISO9001の統合した新規格発効の準備を進めている(ISO22000)。

この規格が発効されると、食品業界では、「安心・安全」に対して、大きな流れが生じると予想される。

【ISO?????内部監査用の新規格の動き】

エンロン等の不正会計問題で、「信頼できる企業」として認定できる内部監査用新規格を約二年後の発効を目標に進めている。

いままでは、会計監査が主体であったが、今後はマネジメント・レベルにおいて明確な監査制度を確立する計画がある。

【HACCP＋ISO9001の導入のメリット】

大きな枠組み

1　「安心・安全」の仕組みづくりを構築できる。

2　世界標準に基づく経営ができる。

3　外部（第三者機関）による監査で透明性、信頼性が築ける。

実行レベル

1　ISOを活用して、ムリ・ムラ・ムダが除かれて、業務改善が図られる。

2　ISOの共通語で、全社的なコミュニケーションが改善できる。

3　顧客満足への取組みが、具体的に実行でき、顧客ニーズが反映しやすくなる。

このように、HACCP＋ISO9001の統合管理は、安全・安心を確実にするツールであり、顧客満足をより一層強固なものにできるツールでもある。

次のチェックリストに基づき、安全・安心の基本ができているか、確認してほしい。

(1) 5Sは徹底的になされているか
(2) 従業員に対する、安全、安心の意識付けが日々なされているか
(3) 設備、器具備品の点検・清掃が定期的になされているか
(4) 動線管理が明確にできているか
(5) クレームの対応はすばやく対処されているか
(6) 商品の品質管理基準はできているか
(7) 品質管理基準に従い、定期的にチェックされているか
(8) レジで最終確認がルールに沿ってなされているか
(9) 全社で危害分析はなされているか
(10) 特に、重要点は明確にされており、しかるべく対応策がとられているか
(11) 顧客アンケートが定期的にとられているか
(12) 定期的に商品検査、設備検査を行っているか

⒀　表示は適正になされているか
⒁　手洗いは正しく行っているか
⒂　トイレは定期的に清掃しているか
⒃　冷蔵庫、冷凍庫、冷ケースの温度は適切か
⒄　食品衛生法を守っているか
⒅　荒ゴミを拾っているか
⒆　プライスカードは汚れていたり、取れていたりしていないか
⒇　第三者による監査制度ができているか
(21)　氷、ドライアイスは準備しているか
(22)　商品の前出しができているか
(23)　制服や前かけが汚れていないか
(24)　ＨＡＣＣＰの考え方を取り入れているか
(25)　ＩＳＯ９００１の考え方を取り入れているか

ロス対策

今の厳しい経済環境においては、ロス対策が究極の利益対策として、本格的な取り組みが必要となっている。

ロス対策は、利益を向上する効果だけではなく、一つ一つの業務を改善することを通して、ロスを削減していくもので、必然的に顧客満足や競合対策にも力を発揮する。

ロスは初めから存在するものではなく、それは日々の仕事を通して発生するものである。仕事と仕事のコミュニケーション不足からでも発生する。だから、ロスは「目に見えない」のである。では、ロスを削減するには、どのようなことを実施すればよいのだろうか。ロスを二つに分けて考えることが大切である。

一つ目は、「ムリ・ムラ・ムダ」ロス。仕事をしていくなかで、極力「ムリ・ムラ・ムダ」を排除し、仕事をよりシンプルに、より判りやすくすることである。

二つ目は、「チャンス」ロス。「欠品の防止」や「死に筋の排除や売れ筋の拡大」などで顧客の要望に敏速に対応することが大切である。

ロス対策は、五つのステップで、実行していこう。

ステップ1　「意識・しつけ」レベル

ミーティングを頻繁に行い、全員が同じ方向を向くようにしよう。形式にとらわれないミーティングが大切。日頃の仕事の中で、「気楽で、まじめな話」ができる雰囲気づくりが必要となる。特に、鮮度管理の徹底やデータ分析など、基本的な事項を徹底的に、あきらめずに実施しよう。ロスは、気持ちの持ちようで変わる。

ステップ2　「入荷（検品）、在庫」レベル

検品は、量はもとより、質についてもチェックする。特にマグロ、国産牛肉のブロックは、必ず検量、検質をすること。グロッサリー（調味料・缶詰・菓子など）は、日付けのチェックを忘れずに行うこと。グロッサリーのバックルームの在庫削減は、徹底的に行うこと。生鮮は、冷凍庫、冷蔵庫の在庫削減と整理整頓の実施、作業場所では、不要の張り紙は撤去する。棚卸は、ルールどおりに行うこと。

ステップ3「発注（仕入）、売り切り」レベル

発注は、すべての基本。特に、発注与件（客数、在庫確認、天気予報、地域情報、過去の発注実績、新製品情報、賞味期間等）以外に、品切れ時間や販売機会個数、顧客情報、関連販売情報なども十分考慮すること。

夜間営業が増えているので、発注には十分時間をかけること。生鮮は、廃棄ゼロを目指し、さらに「ムリ・ムラ・ムダ」を排除しながら、鮮度保持のため売り切り体制をつくること。

ステップ4「欠品の防止、機会ロス対策」レベル

「欠品の防止」や「死に筋の排除と売れ筋の拡大」「旬、新商品、話題商品、イベントの迅速な導入」などに取り組む。

しかし、あくまでも基本がしっかりできることが優先。あせらずにやること。生鮮は、商品づくりの勉強会をして、加工技術の向上、陳列方法の改善、プレゼンの提案

などに取り組むこと。

併行して、競合店の商品と自社の商品との比較検討を、パート（他部門、事務員も入れる）を交え一週間に一回行う。なにより、鮮度・品質で勝負する。

ステップ5 「ロス削減」レベル

すべての商品は、お金との認識を持って、仕事に取り組むこと。すべての仕事に適切な取り扱いと処理が大切になる。

・伝票処理
・返品処理
・廃棄商品の処理
・店舗間の商品移動
・本部在庫の処理
・適切な棚卸
・管理ミスの防止

・万引きの防止
・社内不正の防止
・従業員の買い物ルール
・レジでの違算ルール
・備品、包装材料の管理

特に、レジ売価とプライス売価は、必ず一致させたい。欠落および手書きプライスカードは、即メンテナンスすること。

ロス削減は、全社の協力で進めよう。水平展開のための「ニュース」の発効や各種勉強会、コミュニケーションなどで大いに盛り上げてほしい。

ロスは、会社にとっても、顧客にとっても、無駄なものである。しっかり取り去り、顧客に還元しよう。

では、今までの勉強を元に、チェックリストで確認する。

(1) 顧客主導のロス対策になっているか
(2) ロスは現物ロス（値下げ、廃棄ロス）と機会ロス（チャンス・ロス）の二つあることが理解できるか
(3) 現物ロス率が、売上比五〜八％になっているのが理解しているか（一〇〇億円企業は最低五億円の現物ロスが発生している）
(4) 現物ロスの三分の一しか表面に出てこないので見えないことが判っているか（氷山の一角）
(5) 値下げロス、廃棄ロスはルール通り単品別に明確になっていて、具体的に手が打てる仕組みになっているか
(6) 機会ロスの概念が判っているか
(7) 欠品での機会ロスは実際の一般家庭の支出額月平均五万九〇〇〇円の二九％（一万七〇〇〇円）に及んでいる。「売り逃し」が判っているか
(8) 機会ロスに手が打てる仕組みになっているか

(9) ＩＴを大いに活用して、全社の水平展開がなされているか

(10) その対応策が全社方針としてとられていて、定期的に調査されているか

(11) 過剰在庫が放置されていないか

(12) 発注が正確に行われているか

(13) 売り切り体制になっているか

(14) 欠品がいくつあるかチェックしているか

(15) 毎月一日と一五日に全品日付チェックを行っているか

(16) 生鮮、日配品（牛乳・豆腐など）は毎日日付チェックをしているか

(17) ロスノートにロスが原因別に記入されているか

(18) 閉店後にも売れ残りが多発していないか

(19) 値引きはルール通りに行っているか

(20) 日付更新のためのリパックはしていないか

(21) レジとＰＯＰ（プライスカード）の売価が一致しているか

(22) 伝票の処理が正確に行われているか

(23) 棚卸や店間移動はルール通りに行っているか

(24) 包丁がよく研がれているか

(25) 従業員販売はルール通りに行っているか

4 金融との接点

キャシュフロー経営を積極的に実行して、企業債務の償還年数は一〇年以内に抑える

卸・小売業の債務の平均償還年数は、一七・九年であり、多くの債務が不良債権になっていることが判る。

小売業は本来、現金商売であり、儲けの部分で、次の投資をしてきたが、高度成長の恩恵で、出店すれば売れてしまい、なおかつ、出店による土地の値上がりが資金繰りを潤沢にし、ますます、新規投資に拍車をかけた。

しかし、バブル崩壊が起こり、土地の評価額が崩壊し、土地は値上がりするものという神話が崩れ去ったが、経営者は過去の成功経験に縛られ、従来通りの経営手法に固執したため過剰な不良債権に苦しめられ企業の存続が問われだしている。

まさに、現金商売の原則に戻り、キャシュフロー経営に徹するべきである。

小売業者のトップは、財務面に明るい人が少ないように思える。まず、財務諸表の

損益計算書、貸借対照表は少なくても読めるようにしておくこと。そのなかでも、貸借対照表は継続的経営のための、安全性、資金繰り、在庫状況、キャシュフローなど現在の経営状況を正しく反映する経営指標であり、損益計算書と合わせて、しっかりと理解してほしい。

さらに、投資へのシビアな判断が求められる。投資は資源の配分過程であり、経営戦略における一番大切な事項であり、投資コスト（一〇％以上）の回収ができるかどうか良く検討すること。投資への失敗は、ダイエーとイトーヨーカ堂の分析で見たように、五年から一〇年先の企業の業績に大きな影響を与える。

また、コストと効果についても、シビアさは大切である。顧客にとって必要なものは、人と時間をかけ、特に必要でないものは省略してしまい、資源をコア・コンピタンスに重点配分するべきである。

役員会議、経営会議では、財務諸表の検討、キャッシュフロー、投資決定について、特に時間を多く割き、十分に議論を尽くすこと、スタッフの策定した戦略や実績を社長の判断に一任したり経営の舵取りを全面的に任せないようにすることが企業経営の鉄則である。

だらだらと改革への着手を先延ばしせず、スピードを上げ、全社一丸となり、実行すべきである。

(1) 月次決算ができており、遅くても翌月五日までに完了しているか
(2) キャッシュフローが把握されているか
(3) 資金繰りが適切に管理されているか
(4) 予算管理が計画され、実績との差異に手が打たれているか
(5) 資産台帳が正確に記帳されているか
(6) 投資計画はキャッシュフロー内で行っているか
(7) 不良債権がないか、ある場合には適切な手が打たれているか
(8) 不良在庫、未収入金、備品、伝票類等が放置されていないか
(9) Plan - Do - Set - Check の体制が確立されているか
(10) 防犯対策は全社レベルで対応されているか

5　その他

(1) 夜間営業を実施しているか
(2) ネット販売を計画または導入しているか
(3) 情報は数値だけではなく、状況についても把握しているか
(4) 旬・季節の演出ができているか
(5) 旬・季節に合った商品を開発し、タイムリーに提供しているか
(6) メニュー提案をしているか
(7) 過去の教訓が生かされているか
(8) SCM（サプライチェーン・マネジメント）を構築しているか
(9) 顧客サービスのアイデアが、どんどん出てきているか
(10) カテゴリー・マネジメントで売り場管理をしているか

(11) 山びこ運動注を行っているか
(12) 簡単便利商品は各部門毎に充実しているか
(13) 仮説―実行―検証による業務改革が実行されているか
(14) 正月は一日または二日から営業を行っているか
(15) 商品一品毎に注意を向けた「商品経営」に徹しているか

注　「山びこ運動」とは、顧客第一主義に基づき、顧客に接客した従業員が、「いらっしゃいませ」と声をかけると、近くにいた従業員も「いらっしゃいませ」と声をかけ、次々と山びこのように店内に声がこだまして、店内が活気づく様子を言う。

ドクターすずきの店舗クリニック

〈診断カルテ150 ①〉（1　顧客との接点）

□	番号	診察項目　　　（最高５点、最低１点）	5	4	3	2	1
□	1	誰が自店の優良顧客か理解しているか					
□	2	ホスピタリティの対応をしているか					
□	3	地域密着で地域住民の方を良く理解しているか					
□	4	市場では独占的なシェアを占めているか					
□	5	環境への配慮をしっかりしているか					
□	6	顧客へのサービスに力を入れているか					
□	7	顧客を無視する態度をとっていないか					
□	8	クレームに適切に対応しているか					
□	9	顧客の声をしっかり聴いているか					
□	10	顧客との距離（ギャップ）を縮める努力をしているか					
□	11	顧客へのレスポンスをいかに早めているか					
□	12	顧客との双方向コミュニケーションをとっているか					
□	13	顧客との接点に投資を十分にしているか					
□	14	一過性ではなく、生涯顧客との方針が明確になっているか					
□	15	個客単位で、販売動向を把握しているか					
□	16	オピニオンリーダーが誰か判っているか					
□	17	クリーンリネス、躾、身だしなみは適切であるか					
□	18	少量パック商品が店全体で訴求しているか					
□	19	顧客の問題解決のための販売方法を提案しているか					
□	20	安心・安全に徹底的な対策がとられているか					
□	21	ていねいに売り場まで顧客を案内しているか					
□	22	レジが混んできたら迅速に対応しているか					
□	23	マーケティング組織（顧客の志向）になっているか					
□	24	ホームページは顧客からの質問に答えているか					
□	25	レジでは顧客を名前で呼んでいるか					

〈診断カルテ150 ②〉（2　従業員との接点）

□	番号	診察項目　　　（最高５点、最低１点）	5	4	3	2	1
□	1	企業理念、方針は全員に徹底されているか					
□	2	企業風土はダイナミックに変えることができるか					
□	3	風通しの良い、ガラス張り経営になっているか					
□	4	５Ｓは理解のうえ、実践されているか					
□	5	顧客主導の考えが全員に浸透しているか					
□	6	ホスピタリティ教育がなされているか					
□	7	従業員は第三の顧客との認識があるか					
□	8	従業員のやる気を十分に引き出しているか					
□	9	顧客との接点に十分時間が割かれるようにスケジュールが決められているか					
□	10	ムリ、ムラ、ムダを排除しているか					
□	11	幹部は日々の仕事の中で、部下をしっかりと教育できているか					
□	12	従業員とのコミュニケーションは、双方向性があり、個人別になっているか					
□	13	階層別、職種別で体系的な教育がなされているか					
□	14	スペシャリストの育成がなされているか					
□	15	ナレッジ・マネジメントは従業員全員の理解が得られているか					
□	16	継続的改善が従業員の日々の仕事になっているか					
□	17	顧客と従業員の提案制度が確立されているか					
□	18	採用は厳格になされているか					
□	19	アルバイト、パートの採用後の教育訓練はしっかりされているか					
□	20	危機管理体制は構築されているか					
□	21	会議では、積極的に発言しているか					
□	22	担当部門の商品知識は向上しているか					
□	23	指示事項をできるだけビジュアル化しているか					
□	24	成果主義が十分取り入れられているか					
□	25	モラル・サーベイが定期的になされているか					

〈診断カルテ150 ③〉（3　商品との接点ーＭＤ政策）

□	番号	診察項目　（最高５点、最低１点）	5	4	3	2	1
□	1	クレームのデータベースは構築しているか					
□	2	現場に出て、顧客や従業員の意見を吸い上げているか					
□	3	自店と他店の４Ｐと立地、マーチャンダイジング、店舗運営など比較検討しているか					
□	4	業界の評価ではなく、顧客の評判の良い店舗をマーケットリサーチしているか					
□	5	マーチャンダイジング戦略は確立しているか					
□	6	売上に貢献しない在庫がセンターやバックルーム、売り場に放置されていないか					
□	7	単品管理が売り場のビジュアル化と連動しているか					
□	8	お取引先との取り組みが真剣になされているか					
□	9	自社の弱い部分はアウトソーシングやファブレス化に切り替えているか					
□	10	グローバル化への対応したインターネット調達を取り入れているか					
□	11	お取引先との契約は、締結しているか（基本契約）					
□	12	ＰＢ開発のレシピは、正しく保管されているか					
□	13	バイヤーは、定期的に仕入先を訪問しているか					
□	14	仕入基準は明確になっているか					
□	15	受発注は、システム化されているか					
□	16	AIDMA（アイドマ）の法則を利用しているか					
□	17	52週の販売管理体制になっているか					
□	18	イベント・旬や季節商品の手当はできているか					
□	19	関連販売がしっかり組み込まれているか					
□	20	過剰在庫に手が打たれているか					
□	21	検品がしっかり行われているか（検量／検質）					
□	22	成功事例は水平展開しているか					
□	23	欠品への対策が十分なされているか					
□	24	夜間営業に対する商品づくりができているか					
□	25	売り場の立寄率を調べて、手を打っているか					

〈診断カルテ150 ④〉（3　商品との接点ー安全・安心）

□	番号	診察項目　　（最高５点、最低１点）	5	4	3	2	1
□	1	５Ｓは徹底的になされているか					
□	2	従業員に対する、安全、安心の意識付けが日々なされているか					
□	3	設備、器具備品の点検・清掃が定期的になされているか					
□	4	動線管理が明確にできているか					
□	5	クレームの対応はすばやく対処されているか					
□	6	商品の品質管理基準はできているか					
□	7	品質管理基準に従い、定期的にチェックされているか					
□	8	レジで最終確認がルールに沿ってなされているか					
□	9	全社で危害分析はなされているか					
□	10	特に、重要点は明確にされており、しかるべく対応策がとられているか					
□	11	顧客アンケートが定期的にとられているか					
□	12	定期的に商品検査、設備検査を行っているか					
□	13	表示は適正になされているか					
□	14	手洗いは正しく行っているか					
□	15	トイレは定期的に清掃しているか					
□	16	冷蔵庫、冷凍庫、冷ケースの温度は適切か					
□	17	食品衛生法を守っているか					
□	18	荒ゴミを拾っているか					
□	19	プライスカードは、汚れていたり、取れていたりしていないか					
□	20	第三者による監査制度ができているか					
□	21	氷、ドライアイスは準備しているか					
□	22	商品の前出しができているか					
□	23	制服や前かけが汚れていないか					
□	24	HACCP の考え方を取り入れているか					
□	25	ISO9001の考え方を取り入れているか					

〈診断カルテ150 ⑤〉（3　商品との接点ーロス対策）

□	番号	診察項目　　（最高5点、最低1点）	5	4	3	2	1
□	1	顧客主導のロス対策になっているか					
□	2	ロスは現物ロスと機会ロスの二つあることが理解できるか					
□	3	現物ロス率が、売上比5～8％になっているのが理解しているか					
□	4	現物ロスの3分の1しか表面に出てこないので見えないことが判っているか					
□	5	値下げロス、廃棄ロスはルール通り単品別に明確になっていて、具体的に手が打てる仕組みになっているか					
□	6	機会ロスの概念が判っているか					
□	7	欠品での機会ロスは実際の支出額月平均5万9000円の29％に及んでいる。「売り逃し」が判っているか					
□	8	機会ロスに手が打てる仕組みになっているか					
□	9	ＩＴを大いに活用して、全社の水平展開がなされているか					
□	10	その対応策が全社方針としてとられていて、定期的に調査されているか					
□	11	過剰在庫が放置されていないか					
□	12	発注が正確に行われているか					
□	13	売り切り体制になっているか					
□	14	欠品がいくつあるかチェックしているか					
□	15	毎月1日と15日に全品日付チェックを行っているか					
□	16	生鮮、日配品は、毎日日付チェックをしているか					
□	17	ロスノートにロスが原因別に記入されているか					
□	18	閉店後にも売れ残りが多発していないか					
□	19	値引きはルール通りに行っているか					
□	20	日付更新のためのリパックはしていないか					
□	21	レジとPOP（プライスカード）の売価が一致しているか					
□	22	伝票処理が正確に行われているか					
□	23	棚卸や店間移動は、ルール通りに行っているか					
□	24	包丁がよく研がれているか					
□	25	従業員販売はルール通りに行っているか					

〈診断カルテ150 ⑥〉（4　金融との接点／5　その他）

□	番号	診察項目　　　（最高5点、最低1点）	5	4	3	2	1
□	1	月次決算ができており、遅くても翌月5日までに完了しているか					
□	2	キャッシュフローが把握されているか					
□	3	資金繰りが適切に管理されているか					
□	4	予算管理が計画され、実績との差異に手が打たれているか					
□	5	資産台帳が正確に記帳されているか					
□	6	投資計画は、キャッシュフロー内で行っているか					
□	7	不良債権がないか、ある場合には適切な手が打たれているか					
□	8	不良在庫、未収入金、備品、伝票類等が放置されていないか					
□	9	Plan - Do - Set - Check の体制が確立されているか					
□	10	防犯対策は、全社レベルで対応されているか					
□	1	夜間営業を実施しているか					
□	2	ネット販売を計画または導入しているか					
□	3	情報は数値だけではなく、状況についても把握しているか					
□	4	旬・季節の演出ができているか					
□	5	旬・季節に合った商品を開発し、タイムリーに提供しているか					
□	6	メニュー提案をしているか					
□	7	過去の教訓が生かされているか					
□	8	SCM（サプライチェーン・マネジメント）を構築しているか					
□	9	顧客サービスのアイデアが、どんどん出てきているか					
□	10	カテゴリー・マネジメントで売り場管理をしているか					
□	11	山びこ運動を行っているか					
□	12	簡単便利商品は各部門毎に充実しているか					
□	13	仮説―実行―検証による業務改革が実行されているか					
□	14	正月は、1日または2日から営業を行っているか					
□	15	商品一品毎に注意を向けた「商品経営」に徹しているか					

X 成功へのベクトル

成功している企業は、単なる売上や利益の大きさで評価されているのではなく、顧客を中心とした関係先との良好な関係を築き上げている。顧客、地域、株主、従業員との関係のバランスが大切である。

これは、CRM（カスタマー・リレーションシップ・マネジメント）の実践そのものである。

関係性のネットワーク（リレーション・シップ・マーケティングの構築）

ライフサイクルが従来に比べ、複雑で先が読めなくなっている。それは、企業オンリーになっていた個人をはじめ、社会進出する女性たちが十分な主張を持ちはじめ、行動に出てきたことで多様性が広がったのである。

これからは、独自性や計画性、戦略性を持たない企業が、単に流行している、または売れているという理由だけでマーチャンダイジング戦略の真似をしてつくったとしてもヒットせず、在庫の山が残るだけである。

しっかり先を見据えたマーチャンダイジング戦略が必要である。自社の独自性を一

図9

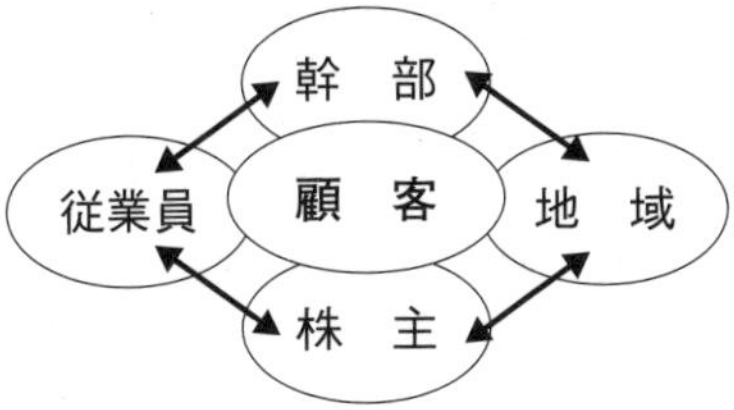

つでも追求し他社に真似のできないノウハウの確立が望まれている。

倒産企業、衰退企業、成長企業に分けてみると、顧客視点を忘れず、原理原則を守り、なおかつ、独自性を打ち出している企業が成長していると見える。現状の規模にとらわれてはいけない。常に内部革新を継続的に実施ししなければならない。

ノースウェスタン大学のコトラー教授によれば、リレーションシップ・マーケティング（関係性マーケティング）とは、「顧客およびその他の利害関係のある第三者との間の強力かつ価値を担った感情を含んだ人間関係を作り出し、維持し、高めるプロセス」と定義している。

流通経済大学の江尻弘教授は、リレーションシップ・マ

ーケティングの目的は、

①新規顧客より既存顧客を重視し

②既存顧客（個人毎）に照準をあて

③既存顧客の保持（引き留め）をめざし

④リピート・ビジネスをベースに

⑤長期的な取引関係を重視する

ことだと述べている。リレーションシップ・マーケティングが、支持された理由として、

(1) 新規顧客の獲得よりも既存顧客の引き留めのコストが安く済む。

(2) 利益増大効果が見込める。

が明らかになってきている。

江尻教授の「データベース・マーケティング」は、業界毎に出版されているので、ぜひ一読してほしい。小売で話題のポイント・カードの有効活用にも利用できる。

図 10　ライフサイクルの変遷

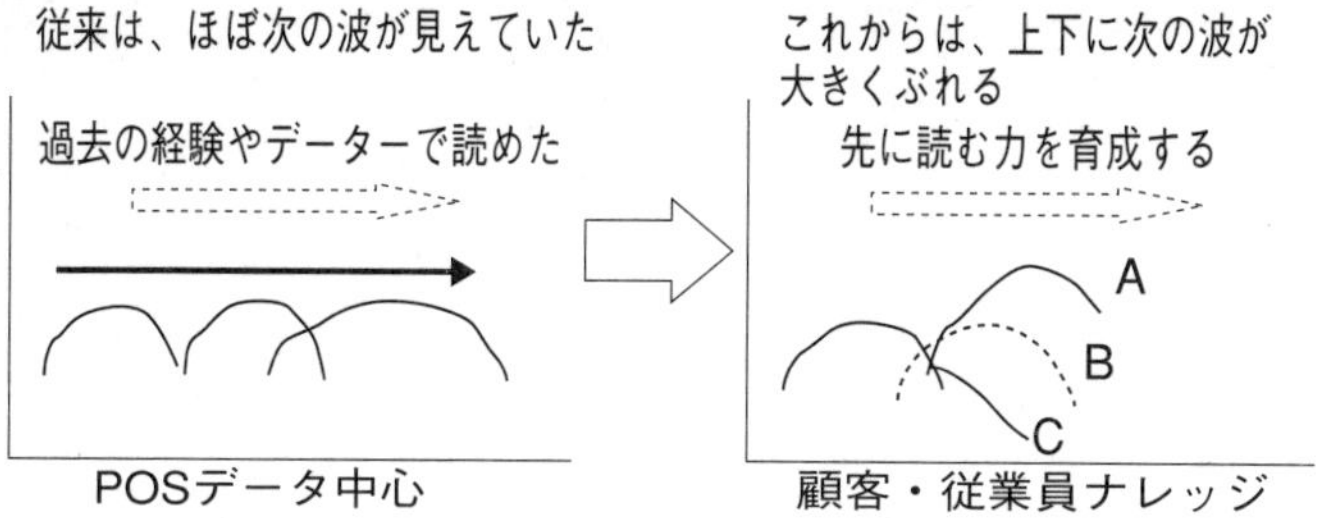

図 11　企業の成長ベクトル

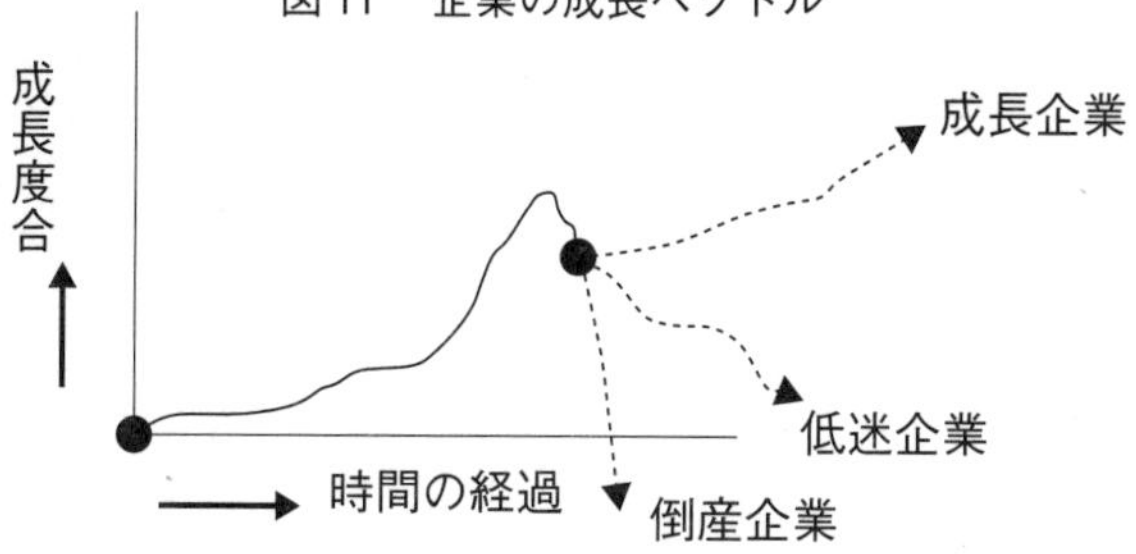

XI　モデル企業の検証

1　顧客ソリューションへ向けて――ヤオコーの挑戦

会社概要

本社所在地　埼玉県川越市
会社設立　昭和四九年三月
代表取締役社長　川野幸夫
事業内容　スーパーマーケット
売上高　九八七億円
店舗数　六〇店舗（埼玉県四三店舗、群馬県五店舗、茨城県四店舗、栃木県四店舗、千葉県四店舗）
従業員　四二九九人

経営理念

生活者の日常の消費生活をより豊かにすることによって地域文化の向上、発展に寄与する。

埼玉県を中心としたドミナント出店戦略

近隣型ショッピングセンターの展開

ソリューションへの取組み

「美味しさと楽しさを毎日提供できる店」をコンセプトに、ミールソリューション型店舗（マーケットプレース）を、一九九八年一〇月に狭山店を改装して確立。さらに、二層型SCとして川越山田店を開店した。デリカテッセン、インストアーベーカリー、惣菜が特に充実しており、生鮮品も鮮度保持、品質の強化とあわせ、簡単便利商品の開発や旬の提案など、スーパーマーケットとして成功を収めている。

さらに、顧客とのコミュニケーションを重視した対面販売やメニュー提案キッチン、気楽に買った食べ物を食べられる飲食スペース、学校給食と家庭の食事がダブらないように給食メニューやレシピの提案をするホームページなどミールソリューションに向けての取り組みに力が入っている。特に学校給食のホームページは、家庭の料理とダブらないようにバランスを配慮している。

ミールソリューションの動き

1 主婦の社会進出ため、家庭での調理時間が減少してきている（アメリカでは一日一五分しかないと言われている）。

2 地域社会への参加やこどもと一緒にいる時間を増やしたいなど、少ない余暇時間を調理以外に求めている。

3 時間があっても、料理の仕方が判らない（家庭に包丁がなくなっている）。

このような状況を改善するために、食事に関する改善（ミールソリューション）が発達してきている。そのなかでも、ＨＭＲ（ホーム・ミール・リプレースメント＝家庭での食事に取って代わるもの）が欧米を中心に大流行しており、日本においても流行の兆しが見えている。

「レストランの味を簡単に、栄養のバランスよく、家庭で食べられる」をテーマにより深く進化している。

HMRは三つに分類される
Ready To Eat（そのまま食べられるもの）
Ready To Heat（暖めるだけで食べられるもの）
Ready To Cook（部分調理、下ごしらえの済んだもの）

調理済み食品の購入先	一九九六年	一九九七年
ファーストフード店	四八％	四一％
スーパーマーケット	一二％	二二％ ＊急激に伸びてきている
レストラン	二五％	二一％

このような傾向は、日本においても顕著に出てきている。デパートの食品売り場を見れば判りやすい。「デパ地下」と呼ばれる食品売り場は、従来の売り場とは様変わ

りしており、この不況期においても、大変な集客力を持っている。一過性のブームではなく、チェーンストアーの売り場にも影響を与えている。しっかりとした対応策がとられることが、将来の戦略づくりに欠かせないものになっている。

しかし、ヤオコーが現在の六〇店舗の管理体制から、毎年一〇～一五店舗の出店をしていくと、全体最適化を志向しだすため、部分最適化の特徴であるミール・ソリューションへの対応が、人員の技術レベルの向上と確保において、非常に難しい局面を迎えるのではないかと考える。

センターでの一括処理をすればするほど、商品に個性がなくなり、また、出店地区がドミナントである埼玉地区を離れていくと、提供商品と地域特性にも少しずつ隔たりができるのではないか。

チェーン・ストアーにおける、今後のミール・ソリューションの成否を占う意味でも、ヤオコーの成功に期待したい。ただ、ヤオコーやデパ地下のミール・ショリューションを真似て、あるスーパーマーケットでは冷凍コロッケや冷凍アジフライを手づくりしているような雰囲気をつくっているが、顧客を騙しているような姿勢は、やめ

表11　食の市場規模推移

食市場	1996(平成8) 億円	%	1997(平成9) 億円	%	1998(平成10) 億円	%	1999(平成11) 億円	%	2000(平成12) 億円	%	5年間の年平均伸び率(%)
内　食	425,788	55.7	419,770	54.8	423,937	55.3	410,927	55.3	382,153	53.6	△3.0
中　食	52,309	6.8	56,151	7.3	57,756	7.5	58,421	7.9	59,337	8.3	3.3
外　食	286,502	37.5	290,743	37.9	284,961	37.2	273,711	36.8	271,765	38.1	△0.5
合　計	764,599	100.0	766,664	100.0	766,654	100.0	743,060	100.0	713,255	100.0	△1.6

注１：内食は、内閣府推計値（家計の最終消費支出のうち食品・飲料・たばこの支出）から、日本たばこ協会調べによるたばこ販売実績と(財)外食産業総合調査研究センター推計による中食市場規模を差し引いた数値を示す。
注２：外食は、(財)外食産業総合調査研究センター推計による。

日本食糧新聞（2003. 1. 20）から

なければならない。

また、イメージだけを高級化しても、それに携わるスタッフの教育訓練が不足していれば、オープン時だけは繁盛するが、数ヶ月もたつと必ず閑古鳥が鳴く。そんな売り場は、数え切れない。

ミール・ソリューションを展開する上で、これらの事項に真剣に対応しなければ、顧客の無言の批判を受けることになろう。

日本食糧新聞（二〇〇三・一・二〇）によれば、日本の食マーケットのデーターを表11のように分析している。ホームミール、リプレースメントに代表される中食市場は、一九九六年は六・八%であったが、二〇〇〇年は八・三%に拡大してきている。

2　世界標準ISOへの取り組み——ぎゅーとらの挑戦

会社概要

本社所在地　三重県伊勢市
代表取締役社長　清水良英
事業内容　スーパーマーケット
売上高　二二〇億円
店舗数　二三店舗
従業員　九八〇名

経営理念

地域社会に密着し、食を通して文化をも創造
ふれあい・たいせつに

明るく、厳しく、前向きに

ＩＳＯへの取組み　小さな町から世界標準へ

三重県伊勢市から世界標準ＩＳＯが発信されていることは、意外であった。通常のスーパーであれば地元で名前が売れて満足してしまうが、ぎゅーとらには創業五三年の老舗にありがちなおごり高ぶった姿勢がない。

ぎゅーとらさんのお話では、

「スーパー業界は、口頭でのやり取りが多く、何が問題であるのかが、全員の理解が不十分であった。

ＩＳＯの導入で、業務内容を文書化し、弱点の克服に着手した結果、会社としてのレベルが上がってきたのが実感できた。また、内部管理体制も、二〇名の内部管理者の対応できめ細かな確認と改善ができてきている」

「ISO14001（環境マネジメント）を二〇〇一年春に認証取得をした。『ぎゅーとら環境方針』に基づき地域環境の改善として、ゴミ分別、資源回収、節電など、お客さんと一緒に歩んでいる。また、一主婦として、地域の環境問題に貢献している」

小売業としてのISOの役割と効果

経営者の役割

年度の経営方針にISOの重要性と具体的な行動指針を明示し、全社の取り組みを明確にしている。

顧客満足

レジでの最終検査を実行して、お客さんに大変喜ばれている。たとえば、進物用の一〇キロみかん箱は、カウンターで一つ一つ腐れがないか確認し、終わったら、また、一つ一つ、箱に詰め替える。皆さんの店舗ではやっているだろうか。たまごも丁寧に割れをチェックするし、野菜なども腐れなどを丹念にチェックする。

オペレーション

仕事が判り易くなり、取り決めごとを、みんなで守るようになった。陳列コンクールを同時に実施し、改善効果をビジュアルに示すようにした。文書化することによって、水平展開ができるようになった。

採用、教育、評価制度

アルバイト、パートの採用時は、店長に任せず、推薦をしてもらい、本社で半日間の教育をして最終的に採用の判断をする。パートの評価基準づくりができ、技術教育マニュアルがつくれた。
教育体系を見直して、より良い体系ができてきた。
店次長が店舗の推進者になったことにより、単なる店長補佐から自主的に行動ができ、優秀な店長に育ってきた。

全体

明るく、親切になった。

改善提案が以前より多くなった。

ロス対策や経費のコントロールなどにも注意が注がれ、月次管理をしている。

ISOの動き

おもな規格には、ISO9001品質マネジメント・システム、ISO14001環境マネジメント・システムがあり、今後は、情報セキュリティ・マネジメント・システム、労働安全衛生マネジメント・システムなどが、脚光を浴びてくるであろう。

さらに、食品業界用の規格ISO20543（ISO9001とHACCPの統合規格）が、二〇〇三年一二月ごろ発効される可能性が大きくなった。この規格が発効されると、食品メーカーはもちろんであるが、食品を扱っているスーパーマーケットや大手量販店、食品専門店、飲食店、レストラン、食品物流などが、認証取得に向けて動き出すであろう。

認証を取得していない企業は、信用できない企業と烙印を押されかねない。

日経新聞（平成一四年九月二〇日）夕刊のトップ記事に「ＩＳＯ『信用できる企業』認定」と掲載された。

新聞報道によれば、情報隠蔽《いんぺい》などの不祥事が世界規模で広がっているなかで、企業の信頼を取り戻すべきコンプライアンス（法令順守）や情報公開、消費者保護、人権尊重など内部管理体制を規格化して、不祥事が起きないよう第三者機関を指定して認証を行う規格を二〇〇四年に発効することを検討しているという。

認証を取得した企業は、「信用できる企業」と認定されるため、顧客への信頼性が増す。

今までの流通、小売、サービスは公平な評価尺度がなく、個々ばらばらに運営してきたため、顧客からは判りづらい業界と見られてきた。

企業はより積極的な対応が求められてきており、自分だけは？の考えでは運営でき

図12

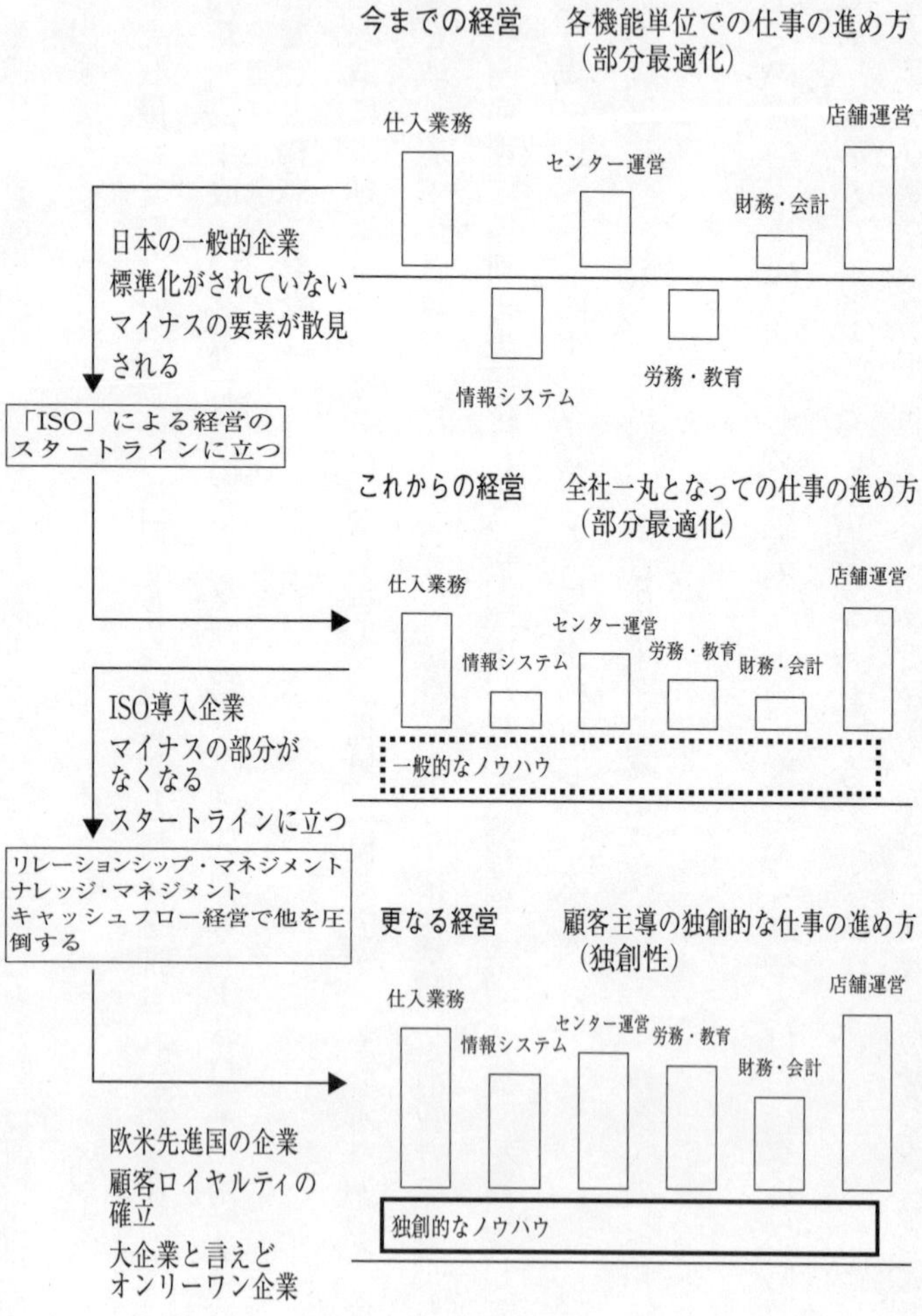
今までの経営　各機能単位での仕事の進め方
（部分最適化）
仕入業務
センター運営
財務・会計
店舗運営
情報システム
労務・教育
日本の一般的企業
標準化がされていない
マイナスの要素が散見
される
「ISO」による経営の
スタートラインに立つ
これからの経営　全社一丸となっての仕事の進め方
（部分最適化）
仕入業務
情報システム
センター運営
労務・教育
財務・会計
店舗運営
一般的なノウハウ
ISO導入企業
マイナスの部分が
なくなる
スタートラインに立つ
リレーションシップ・マネジメント
ナレッジ・マネジメント
キャッシュフロー経営で他を圧
倒する
更なる経営　顧客主導の独創的な仕事の進め方
（独創性）
仕入業務
情報システム
センター運営
労務・教育
財務・会計
店舗運営
独創的なノウハウ
欧米先進国の企業
顧客ロイヤルティの
確立
大企業と言えど
オンリーワン企業

なくなり、これから、ますます社会に開かれた企業にならなければならない。

しかし、ＩＳＯ９００１は、品質マネジメントシステムの認証取得のための規格であり、これを取ったからといって、一流になったというわけではない。一流の仲間に入れるスタート台に立ったということを意味しているのである。

ぎゅうーとらも、これから一流の仲間に入るべく、より一層の努力が必要である。

さらに、ＩＳＯの認証取得が本来の目的ではなく、ＩＳＯのマネジメント・システムを活用して、業務や経営の改革・改善を行い、効果的な仕事の仕組みを構築することが大切である。

XII 8つの黄金の法則を提唱

今まで提案をしてきた内容は、次の「8つの黄金の法則」にまとめることができる。

流通・小売業にとって、いま必要な「8つの黄金の法則」！

黄金の法則1

トップから営業部門、管理部門まで全社員が、「ホスピタリティ（ホストとゲストの関係）」の気持ちを持ち、「顧客にとって何が大切なのか」「顧客に対して何をなすべきか」を常に考え続け、「顧客に奉仕」すること。

ホスピタリティ・マーケティングは、単なる「あいさつ」や「言葉づかい」ではなく、従来の供給する側と消費する側との対立関係とは違い、人間の尊厳に関わる「ホストとゲスト」のような対等の関係を作り上げていく共創のマーケティングである。

育英短大の服部勝人教授は、

「特に、相互容認・相互理解・相互信頼・相互扶助・相互依存・相互発展の六つの相互関係を基盤とした共創性が大切である」

と指摘されている。

殊にホスピタリティで話題になるのは、ディズニーランドである。ディズニーランドで働くことを希望している若者が多い。

一九五五年アナハイムの開園式にディズニーが行ったスピーチにすべてが要約されている。

「この幸せの場所にようこそ。ディズニーランドは、あなたの国です。ここは、大人が過去の楽しい日々を再び取り戻し、若者が未来の挑戦に思いを馳せるところ。

ディズニーランドは、アメリカという国を生んだ理想の夢と、そして厳しい現実をその原点とし、同時にまたそれらのために捧げられる。そして、ディズニーランドが世界中の人々にとって、勇気とインスピレーションの源となることを願いつつ」

「『ディズニーという聖地』能登路雅子　岩波書店」

単なるマニュアル教育では、ホスピタリティ精神は身につかない。経営者が、従業員を大切にしなければ、従業員もまた顧客を大切にしない。

今の小売業において、しっかりホスピタリティを実践すれば、競合店への優位性となり、大きな集客力となるであろう。

黄金の法則2

マーチャントの根本的な思想である「起業家精神」を持ち、絶えず「顧客のためのイノベーション」を提供し続けていくこと。

ノードストローム・ウェイーの中で、ノードストローム社長は、入社式において次のような趣旨のスピーチを毎年行っている。

①自分の領分にこだわらずに顧客のためになれ。

②顧客が望むものを提供する。ノードストロームにない商品は他店から買ってでも提供しなさい。

③返品制度が一番重要だ。他店で買ったものだと判っても返金するように。あれこれ議論する必要はない。また、店長に相談するまでもない。

ここまで経営トップの正義感にあふれていると誰が聞いても信頼に値する内容であ

ることが判り、そのことが「顧客のためのイノベーション」を推進していくために重要である。

「顧客のためのイノベーション」をやりつづけることにより、顧客ロイヤリティが構築され、それが小売業にとって大切なものになるということをフレデリック・F・ライリヘルドは次のように語っている。

「客の顔ぶれが絶えず変わる店では、毎年同じ顧客に奉仕する店よりも、ずっと多量の在庫が必要になる。まったく未知の顧客に、どんなファッションやサイズが受けるか推測しなければならない。ロイヤリティのある顧客は、ニーズや好みはもちろん、ウエストサイズまで知っている。

安定した顧客グループは、在庫管理を合理化し値引きを最小限にとどめ、生産能力の予測を単純にする働きがある。顧客ロイヤリティは、いろいろなメリットがあることが判る。

ボン・マルシェ（ブシコー）、キング・クレーン（マイケル・カレン）、ウォルマート（サム・ウォルトン）など、小売業を創ってきた人々を乗り越えて、私達も起業家精神を呼び戻して、本来の顧客本位の経営に徹していこう。

黄金の法則3

顧客にとって「有り得ないこと」と思っているサービスが、実際に提供され、有難いと顧客に「期待以上の感動」を与え、心から「相互に信頼」をすること。

流通経済大学の江尻教授は、不特定多数の顧客に期待以上の感動を与えているスーパーを取り上げている。

アイルランドのスーパー、クィーンは国民約三八〇万人に対して一〇万人いる顧客を「スーパークラブ」として組織化している。

その会員に対するサービスがユニークであり、中小スーパーでも採用が可能のものばかりである。

では、具体的に紹介しよう。

①名前で呼びかける。

・顧客にスマイルし、名前で顧客に話しかける。
②誕生日ケーキを無料で提供する。
・顧客には、出口で誕生日ケーキが贈られる。
③無料で、子供にキャンディを渡す。
・親がムダ遣いをさせないようにするために、キャンディをあげる。
④自店独自のクジを引かせる。
・クジを買った顧客には全員もれなく四〇ポイントを与える。クジの売上はすべて障害者団体に寄付する。
⑤子供の遊戯室を設ける。
・人件費やその他のコストがかかっているが、顧客ロイヤリティには代えることはできないと実施している。
⑥慈善活動を行う。
・閉店後に売れ残った調理済み食品を慈善事業団体に寄付している。
⑦上得意客を特別にもてなす。

・一定額以上の買い物を二五週間ないし三〇週間続けてきた上得意客には、特別なもてなしをする。

日本のスーパーも諸々のイベントや朝市、夕市など多彩な行事を行っているが、顧客が期待する以上のものになっているか、再検討してみる時期にきている。

黄金の法則4

現状の広告宣伝の一方的伝達や一過性のやり方だけではなく、グループや仲間意識に根ざした「関連販売」「口コミ」により関係性を深め、利用客を「生涯顧客」として扱うこと。

これからの販促手段は、「関連販売」や「口コミ」の効果を十分にとらえ、実行してほしい。

ハーバード大学のW・アール・サッサー・ジュニア教授は、「カスタマー・ロイヤルティ経営」（日本経済新聞社）の中で、サービス企業を調査したところ、マーケット・シェアと収益性には何の関連もなかったと指摘している。

利益の要因は、どの業界でもカスタマー・ロイヤルティの高い企業ほど収益性が高かった。その結果、彼は今までの4P（プロダクト・プレイス・プロモーション・プライス）というマーケティングの基本に、

①カスタマーの保持（retention）
②関連販売（related sales）
③クチコミ（referrals）

の3Rを加えることを提唱している。

この議論の土台となるものは、次の四点に要約できる。

①「どの客も、常に正しく」ではない、「ある種の客は、必ずしも正しくない」
②顧客全員を狙って公平にサービスすることが成績を悪化させる。
③新規顧客獲得コストは、既存顧客保持コストの五倍以上になる。
④一回いくらの売上でなく、生涯でいくらの売上の顧客と見るべきである。
⑤本体以外のサービスやメンテナンス、消耗品のウェートが高くなってきている。

特に、関連販売は実用性と効果性が高く、ぜひトライしてほしい。

例えば、よく事例として出てくるウォルマートの話である。ウォルマートは、顧客データベースを調査していく過程で「バナナ」と「コーンフレーク」の朝食コーナの関連販売が大変よく売れることが判った。

最近では、日用品メーカーの「ついで買い」を誘う値引きが功を奏している。ライオンはリード（ラップや台所用ペーパー）を食品売り場で扱うとオーブン皿に敷く紙製シートが月間販売額で六割も増えた店舗が出てきた。

エステー化学は、冷蔵庫用脱臭剤「脱臭炭」を生鮮売り場に置いたところ二〇〇二年通年の売上が前年比で六割増えた。

また生サンマに大根、さしみ売り場にワサビ等、どんどん提案していこう。

日本における非計画販売率が八〇％にもなっている。「衝動的購買」行動を把握し、対策を立てることが大切である。

黄金の法則5

コンプライアンス（法令順守）、消費者保護、品質管理、リスクマネジメントなどに最善の注意を払い、「安心、安全、正直、信頼」を絶えず忘れず、「原理原則」に忠実に仕事を進めること。

エンロンによる不正会計から端を発した不祥事は、不正会計だけでなく、表示違反や機密漏洩、産地偽装、個人情報の流出などが景気の低迷とともに噴出してきた。企業の破産も連続して発生し、従業員のリストラも過酷になってきている。

アメリカでは、証券取引委員会（ＳＥＣ）は決算報告書の正確性のために宣誓書を提出させることが決定した。

この制度は約一万四〇〇〇社を対象に、①決算報告、②内部管理体制、③監査制度などについての報告に関して虚偽のないことを宣誓させ、虚偽がある場合、ＣＥＯは最長で二〇年の禁固刑を科される場合がある。

ユニバーサル・スタジオ・ジャパンでは、イベントでの大量の火薬を使用したとして、大阪市より改善命令が出され、二〇〇二年の夏休みの来場客は二四％の大幅減となった。

また個人情報の流出が多発し、二〇〇二年五月にはTBCの三万人分の個人情報が流出し、六月には群馬インターネットの契約者分数千人分が流出した。

このような不祥事や情報保護サービスが、ビジネスとして現れ、一つの事業として成長してきている。

食品業界においては、産地偽装や無認可香料の使用、農業問題、遺伝子組換え作物、BSE（牛海綿状脳症。いわゆる狂牛病）の発生など、産業全体を揺り動かしている。

このようなときこそ企業としても、そこに働く従業員としても、コンプライアンス（法令順守）、ディスクロージャー（情報開示）、品質管理の厳守などで消費者保護を優先しなければならない。

内閣官房は各行政のバラバラな指導を統合し、食品の安全を明確な施策として、

「食品安全基本法」の制定を検討している。内閣官房は、食品安全委員会設立等準備室を新設し、科学的データに基づいた食品の健康への影響を評価し、BSEのようなリスクが発生したとき必要な施策を迅速に打ち出すための体制づくりを検討している。

また、厚生労働省は、食品衛生法改正案を固めている。

①国民の健康保護を目的として明文化

②製造記録の保管などの食品企業の自主管理の促進

③残留農薬の規制などで農水省との連携強化

が主な骨子である。

さらに、食品企業は、食品衛生上の危害発生を防ぐため、原材料の仕入れ先を記録・保管し、必要に応じて、国や都道府県などにその情報を提供する責任を負うことになる。

農水省は、「牛肉トレーサビリティ法案」を示している。これは精肉を扱う小売業に加え、すき焼店、ステーキ店など、国産牛肉を主な材料に使う外食業も対象になる。使用している肉の牛の個体識別番号を表示しなければならない。

日本とは別に、国際標準化指標（ＩＳＯ）は、トレーサビリティ（追跡可能性）システムの国際規格に着手し出した。

表12　食品表示に関連する法律

法律名（所管官庁）	対象	罰則
ＪＡＳ法※（農水省）	すべての飲食料品	１年以下の懲役または個人100万円以下、法人１億円以下の罰金
食品衛生法（厚労省）	公衆衛生の見地から表示が必要な食品、食品添加物	営業許可の取り消し、６ヶ月以下の懲役または３万円以下の罰金
景品表示法（公取委）	事業者が一般消費者に提供する商品	審決に従わない場合、２年以下の懲役または300万円以下の罰金

（注）※は改正案、７月施行予定

また、食の安全・安心の高まりで、各省庁は食品表示に関する法律を決めている。それに伴い、二〇〇二年七月より、農水省は虚偽表示の事実を確認した時点で企業名を公表する方針を示した。

しかし、日本能率協会が不祥事に対して調査したところ、新任取締役は、自分の会社については、「全く心配がない」一〇・三％、「余り心配はない」五六・五％との回答があり、まだまだリスク・マネジメントへの認識の甘さが目立っている。

一人ひとりが、「安全・安心・正直・信頼」をしっかり受けとめ、改善をしていくべきである。

黄金の法則6

心より顧客本位の経営に徹し、「顧客は常に正しい」と思い、行動すること。

ニューヨークにある食品スーパーマーケット「スチュー・レオナード」は売り場価格三四〇〇平方メートルで売上はなんと一三〇億円で、一坪当たりの売上は、一六五〇万円と、ギネスブックに世界一の売り場効率で掲載されている。

このスーパーの特色は、家族できても楽しめる「スーパーのディズニーランド」を目指しているところである。

平日の客数は平均七〇〇〇人、休日は一万人にも達する。扱い品目は、通常のスーパーマーケットの二〇分の一しかなく、たったの一〇〇〇品目であるが、顧客の評判は、大変高い。

その店舗の入り口にある三トンもある巨石には、次のような文字が彫られている。

○ルール1　お客様はいつも正しい。
○ルール2　たとえお客様が間違っていても、ルール1を読み返せ。

お客サービスだとか、付加価値の提供とか、言葉では言っていても、顧客と従業員への強烈なメッセージをこれほどまでに明確に言い切った格言はほかにない。

また、ウォルマートの初期の店長であったゲリ・ラインボーズ氏は次のように語っている。

「私たちの使命は、お客様のために価値あるものを提供することであり、それは品質やサービスに加えて、お客様のためにコストを節約することを意味している。ウォルマートが一ドルをムダに支出するたびに、それがお客様のポケットに直接響くのだ」

私達は、本当の顧客満足をもう一度考えなおし、しっかりとした理念や方針をつくり、行動していきたい。

黄金の法則7

顧客志向ができる従業員を採用し、顧客のための厳しい教育訓練をし、顧客と一緒に歩む従業員に育て、「従業員ロイヤルティ」を作り上げること。

従業員ロイヤルティを作り上げるには、まず従業員が自主的に勉強しなければならない。

中小企業のトップも、仕事が忙しいと勉強をしない傾向があるが、これは大変な間違いである。

今日の小売業は、「血と汗と涙」で勤まる仕事ではない。

厚生労働省が「能力開発基本調査」で、二〇〇〇年度に全国の六割強は自己啓発に取り組まなかった、という結果が出た。

自己啓発の問題点として、「忙しくて自己啓発の余裕がない」四三・〇%、「費用がかかりすぎる」二五・九%、「休暇取得・早退などが会社の都合でできない」一八・

三％という数字が上がっている。

優秀と言われている企業ほど人材の採用および教育は、次の手順によってなされている。
①入社時における採用の厳選
②企業理念、コンセプトの徹底理解
③原理原則に基づいた自社用マニュアル教育訓練
④ホスピタリティによる顧客サービス志向の訓練
⑤利益管理の徹底
また、米国スーパーマーケットのパブリックス（フロリダ州）は一九三〇年創業で二〇〇一年の売上が一・八兆円、小売業売上世界ランキング三一位を占めている株式非公開企業であるが、「フォーチュン」誌のアメリカで最も賞賛される会社トップ50に入った。さらに、日本のビッグ・ストアーの創業トップは、このスーパーマーケットに大いなる刺激を受けている。
①入社一日目から幹部になるまで徹底した教育を継続する

②ジョージア州マリエッタに一一〇〇平方メートルの店舗従業員用教育センターを設立
③全員参加の社員持ち株制度の導入（創業四年目で設立）
④ポジショニングにポストが空いたら自薦できる制度の導入

もう一度、人のリストラや賃金カットなどだけに目を向けず、前向きな工夫をしてほしい。

黄金の法則8

自店にとって利益貢献度の高い適切な「顧客の顔」を知り、優先的なサービスを提供し、顧客データベース化すること。同時に、「従業員の声」や「提案内容」を一緒にデータベース化して活用すること。

「80：20の法則」を知っているだろうか。この法則は、イタリアの経済学者のパレートが一八九七年に一九世紀のイギリスにおける富の分配が少数の人に偏っていることを発見したときに導き出したものである。この理論を応用してみると、来店客の二〇%の顧客で売上の八〇%を占めており、残りの八〇%の顧客では、たったの二〇%しか売上の貢献がなされていないことになる。売上だけではなく、店舗への利益貢献にも当てはまる。

この「80：20の法則」から導かれることは、顧客はすべて平等に扱うのではなく、貢献度に応じて公平に扱うことが重要となる。この貢献度の高い顧客を「適切な顧客」と呼んでいる。

この「適切な顧客」を知るには、今までの商品主体のデータベース管理では見えない。代表的なものは「単品管理」「死筋の排除」「ＡＢＣ分析」等の商品データベースである。

この分析手法は、今もって大切なものであるが、いかに分析しても、主体はあくまでも商品であり、平均的な購買パターンは把握できてもパーソナルな個人の購買行動を理解するには「顧客データベース」がなくてはならない。

特に、今日の日本の小売業においては、いまだマス・マーケティングの手法が主体になっているために、「商品データベース」に重きをおいているが、パーソナルなライフスタイルを把握するには適していない。

「すべての顧客は平等ではない」

この議論は、今までの日本の文化・慣習では簡単に受け入れられなかった。日本は単一民族であり、国家・企業・個人が同一歩調を取りやすく、同質化が優先されてきた。

しかし、一九九〇年のバブル崩壊後は企業も個人も独自の方向に歩み出しており、「すべての顧客は平等ではない」という考え方も受け入れられてきている。

コンサルタントのブライアン・P・ウルフは、「顧客識別マーケティング」(ダイヤモンド社)で米国の食品小売業は年間購入総額が上位二割に相当する顧客は一個当たりの平均購入額が三五ドル、中間の二割の顧客は一七ドル、一番下の二割の顧客は九ドルだったと言う。

つまり、上位二割の顧客の平均購入額は中間の顧客の約二倍、一番下の顧客の約四倍になっている。

さらに、上位二割の顧客の平均単価は、最下位の二割の顧客より二〇~三五%高かった。

これは、キャッシャーが処理する時間が上位の顧客ほど少なく、つまりコストがかからないということを意味する。

「One to One マーケティング」の著者のドン・ペパーズは、次のように語っている。

「One to One マーケティング・プログラム」を成功させるには、四つの重要なステップがあるという。

①顧客を特定すること。

②これら顧客を差異化すること。

③これら顧客とコミュニケーションを図ること。

④製品やサービスを「個客」ニーズに合わせてカスタマナイズすること。

さあ、マス・マーケティングの考えから個客データベースへ管理の主体を移していこう。

顧客本位の経営を忘れず、トップの強力なリーダーシップのもと、全社一丸となって取り組めば、流通外資を恐れずに、個々の企業本来の強みを生かせる術が創造されてくると確信している。

この本の読者が「8つの黄金の法則」を確実に実行して、小粒でも、キラリと光り、オンリー・ワンの強さを持ち、世界に羽ばたく企業に飛躍されることを期待したい。

ドクターすずきの店舗クリニック（Part 2）

8つの黄金の法則チェックリスト

□	番号	診察項目　（最高5点、最低1点）	5	4	3	2	1
□	1	全社員がホスピタリティの気持ちを持ち、「顧客にとって何が大切なのか」「顧客に対して何をなすべきか」を常に考え続け、「顧客に奉仕」しているか					
□	2	「企業家精神」を持ち、絶えず「顧客のためのイノベーション」を提供し続けているか					
□	3	顧客にとって「有り得ない」と思っているサービスが、実際に提供され、有り難いと顧客に「期待以上の感動」を与え、心から「相互に信頼」しているか					
□	4	現状の広告宣伝の一方的伝達や一過性のやり方だけではなく、グループや仲間意識に根ざした「関連販売」「口コミ」により関係性を深め、利用客を「生涯顧客」として扱っているか					
□	5	コンプライアンス（法令順守）、消費者保護、品質管理、リスクマネジメントなどに最善の注意を払い、「安心、安全、正直、信頼」を絶えず忘れず、「原理原則」に忠実に仕事を進めているか					
□	6	心より顧客本位の経営に徹し、「顧客は常に正しい」と思い行動しているか					
□	7	顧客志向ができる従業員を採用し、顧客のための厳しい教育訓練をし、顧客と一緒に歩む従業員に育て、「従業員ロイヤルティ」を作り上げているか					
□	8	自店にとって利益貢献度の高い適切な「顧客の顔」を知り、優先的なサービスを提供し、顧客データベース化しているか。同時に「従業員の声」や「提案内容」を一緒にデータベース化して活用しているか					

おわりに

私達がこれまでに学習してきた内容は、消費者を擁護する次の文章で、すべてを表している。一九六二年、ジョン・F・ケネディ大統領によって宣言された「消費者の権利」が究極のテーマである。

(1) 安全である権利
(2) 知らされる権利
(3) 選択する権利
(4) 意見を反映させる権利

今から約四〇年前に宣言した内容は、今でもなお、新鮮である。

私達も、もう一度、原理原則に戻り、顧客奉仕に全力を注いでいこう。

参考文献

1　デパートを発明した夫婦　鹿島　茂　講談社
2　ロープライスエブリディ　サム・ウオルトン他　同文書院インターナショナル
3　サービスが伝説になる時　ベッツィ・サンダース　ダイヤモンド社
4　カスタマー・ロイヤルティの経営　ジェームス・L・ヘスケット　日本経済新聞社
5　顧客ロイヤルティのマネジメント　フレデリック・ライクヘルド　ダイヤモンド社
6　PB戦略　野口智雄　日本経済新聞社
7　パワーブランドの本質　片平秀貴　ダイヤモンド社
8　関係性マーケティングの構図　和田充夫　有斐閣
9　戦略的マーケティングの論理　嶋口充輝　誠文堂新光社
10　マーケティング・マネジメント　フィリップ・コトラー　プレジデント社
11　ディズニー7つの法則　トム・コネラン　日経BP社
12　なぜこの店で買ってしまうのか　パコ・アンダーヒル　早川書房
13　アメリカの流通業の歴史に学ぶ　徳永　豊　中央経済社
14　経営財務入門　井出正介他　日本経済新聞社
15　最強組織の法則　ピーター・M・センゲ　徳間書店

16 ホスピタリティ・マネジメント　服部勝人　丸善
17 世界企業（小売業の経営指標）　通産省産業政策局編
18 ＩＳＯ９０００１審査員研修コース・テキスト　グローバルテクノ編
19 ＩＳＯ９００１―ＨＡＣＣＰのすべて　矢田富雄　日経ＢＰ社
20 ＩＳＯ９０００の知識　中條武志　日本経済新聞社
21 イノベーションのジレンマ　クレイトン・クリステンセン　翔泳社
22 ブランド　石井淳蔵　岩波書店
23 Ｏｎｅ ｔｏ Ｏｎｅマーケティング　D・ペパーズ＋M・ジョーンズ　ダイヤモンド社
24 小売マーケティング　D・ウォルターズ＋D・ホワイト　中央経済社
25 知識創造企業　野中郁次郎・他　東洋経済新報社
26 ダイヤモンド・ハーバード・レビュー　ダイヤモンド社
27 中小企業白書　中小企業庁　ぎょうせい
28 ＥＣビジネス最前線　前川　徹　アスペクト
29 データベース・マーケティング　江尻　弘　中央経済社

著者プロフィール

鈴木 康友（すずき やすとも）

1949年　東京都生まれ
1973年　明治大学農学部農業経済学科卒業（食品流通）
2000年　日本大学大学院商学研究科前期博士課程（ビジネスコース）修了
（商学修士）（マーケティング、小売経営）

イトーヨーカ堂（コントローラー）、セブンイレブン（創業プロジェクト参画）、長崎屋（食品バイヤー）、マイカル（酒類の子会社・取締役営業本部長）、地域量販店（取締役）を経て、リテール・マネジメント研究所を主宰

＜専門分野＞　食品流通システム、小売経営、小売企業再生、マーケティング戦略、経営戦略、フード・セーフティ・プログラム、経営計画策定、予算編成作成、ＩＳＯマネジメント、新規事業開発、業務改革、経営改革、幹部教育、後継者教育など、食品、流通、小売、サービス業を対象に顧客ソリューション・ビジネスに注力している

・経営士（社団法人日本経営士会）
・ＩＳＯ品質審査員補（ＪＲＣＡ）
・経営アドバイザー（財団法人神奈川中小企業センター）

＜連絡先＞　E-mail：TEKUTEKU21@aol.com

流通外資に勝つ成功のシナリオ　8つの黄金の法則

2003年5月15日　初版第1刷発行

著　者　鈴木 康友
発行者　瓜谷 綱延
発行所　株式会社文芸社
〒160-0022　東京都新宿区新宿1－10－1
電話　03-5369-3060（編集）
03-5369-2299（販売）
振替　00190-8-728265

印刷所　東洋経済印刷株式会社

ISBN4-8355-5611-9 C0095